チクチク・
いやみ・
理不尽
と感じる

「ほんのひと言」に傷つかなくなる本

大和書房

はじめに

パッと言われたひと言がずっとモヤモヤする!

相手が口にしたひと言がずっと頭に残っている——。

そんな経験、よくありますよね。

たとえば、普段からきつい発言で有名な上司が会議で言った「なんでそんなことやるの?」というひと言。

この場合、上司は本当に理由がわからなくて、それを知りたいだけかもしれません。

しかし、言葉は時と場合によって、違うようにも受け止められてしまいます。

「そんなことするなんて、ばかげている」

「なんでそんなことするのか、理解できない」

とか、**まるで批判されているように聞こえてしまうこともたくさんあります。**

ここで上手に言い返せればいいんですが、それも簡単なことではないでしょう。

「今のは『私の説明が悪い』と言っているのかな？」とか「もしかして、こんなプランを考えた私が悪いのかな？」とか考えてしまって、その場は頭が真っ白になってしまいます。

会議が終わって家に帰ってからもずっと、上司の言葉が忘れられません。

それどころか、たくさんの感情が湧いてきてしまいます。

「あ！　あの時、こう言えばよかったのに！」

「あの人はなんで、あんな言い方をするんだ！」

そんな後悔や怒りといったものが、どんどん溢れてきます。

「次に会った時こそ言い返してやるんだ」と息巻いてみても、それでも結果は同じ。

今度はまた別のひと言が気になって、それにもうまく言い返せずに頭が真っ白なまま終わってしまいます。

そして、ずっとモヤモヤが晴れないまま、なんだか自分だけが悪いような気がしてくる――。

こんな「頭真っ白スパイラル」に陥っている人はたくさんいます。

でも、決してあなたの能力が低いからでも、心が弱いからでもないんです。

たとえば、この本で説明していく体質であったり、「あれこれ考えすぎてしまう」ことだったり……。

それらが組み合わさって、相手から何か言われた時に、頭が真っ白になってしまい、どうしていいかわからず、仕事もプライベートも歯車がかみ合わないまま、最後には自己肯定感も低くなっていってしまうのです。

私のカウンセリングを訪れてくださる人たちの中にも、そうした人はたくさんいますし、かつては私もその一人でした。

ですが、自分のことを知り、「頭が真っ白になっている時に、脳の中では何が起こっているのか？」をきちんと理解するだけで、モヤモヤが晴れて、心がおだやかになっていきます。

勇気を出して言い返しても……

この本には、私が「頭が真っ白！」で何も言えなくなってしまう自分を乗り越えてきたやり方をまとめました。

頭が真っ白にならなくなって、パニックから解放されると「あれ？　頭の中が静かになっている！」と自分でもびっくりします。

以前の自分だったら常に頭の中には「誰かから言われたショックな言葉」や「自分が言ってしまったダメな言葉」が襲ってきました。

遠い過去に言われたことなのに、まるで目の前で言われたような感じがして、何度も頭が真っ白になってしまっていました。

それが今ではおさまり、頭の中が静かになっています。

人から言われた嫌な言葉をすぐに思い出せたのに、もう思い出すこともできません。

たとえば第5章の「自分を消す」ということをやってみます。

こう聞くと、なんだか相手の言いなりになるみたいに思えます。

けれども、真逆で、相手に振り回されないための一つの手段なんです。

それまでの自分は、相手の言葉を真に受けて頭が真っ白になり、何も言い返せずに、あとでモヤモヤやイライラがたまることもありました。

勇気を出して言い返せたとしても後悔するようなことを言っていました。

「相手の言葉に反応しない」ということが「相手に対して失礼」とか「申し訳ないから」とか思い込んでいて、頭が真っ白なまま話してしまうからです。

つまり、なんでも反応してしまって、その結果、頭が真っ白になってしまっているんです。

ですが、「自分を消す」という方法を繰り返しやっていくと、そういうことがなくなります。

頭が真っ白にならなくなると「相手の言葉に反応しない」ということができるようになるんです。

私は「自分は変わらないな〜」と嘆いていたんです。

「売り言葉に買い言葉」と頭では理解していても、いざ実際に相手を目の前にすると、不快な言葉をかけたりしてしまい、また注意されます。

そして、「頭が真っ白」になることの繰り返しです。

でも「自分を消す」とか他の方法を何度も使って「頭が真っ白にならない」という体験を何度もしていくうちに、**いつしか相手から言われた理不尽なことに対して「無反応」でいられる、という感動的な場面が訪れたんです。**

まるで筋力トレーニングの成果を実感するようなものでした。

誰にもとらわれない「本来の自分」へ

相手の言葉を真に受けて、それにとらわれてしまって頭が真っ白でパニックになっていた自分は、成長が止まってしまった「幼い自分」でした。

そして、トレーニングを繰り返して「無反応」ができるようになった自分は、現在の年齢と合致した「本来の自分」になります。

「頭が真っ白」でパニックになることで私の成長が止まっていたんです。

それが真っ白にならない方法を実践してみて、実際にパニックになることが少なくなると、一気に実年齢に近づき、本来の自分の姿で、堂々と過ごすことができます。

相手のひと言が気になる、ということをきっかけに、あなたの中の数々の才能に気づけます。

自分でもわかっていなかった本来の自分も見えてくる。

どうかあなたが、本書を読み終える頃には、誰にも振り回されずに、本来の自分の姿のままで静かに過ごせる世界へのチケットを手に入れてほしいと願っています。

大嶋信頼

contents

第1章

頭に引っかかる「ほんのひと言」たち

第2章 言い返せないのは、弱さのせいじゃない

第5章

相手の「罪悪感」を受け止めない

第1章

頭に引っかかる「ほんのひと言」たち

いやな気持ちを引きずる「職場」のひと言

1 あなたの説明、長くてよくわからない

職場で上司に自分の仕事を丁寧に説明しようとしていたらそう言われて、頭が真っ白になってしまいます。

自分がバカみたいに思えて、用意した資料の説明がちゃんとできなくなり、**あとから、「なんて自分はダメなんだ……」という状態になってしまいます。**

「上司はちゃんと説明しても忘れっぽいから、仕事の経緯から丁寧に説明しようとしているのに、なんであんなこと言われなきゃならないの！」

と怒りが湧いてきます。

さらに、あんなひどいことを言われたのに、どうして上司に「あなたには説明が難しすぎましたね」と嫌みの一つも言えないであんなに惨めな気持ちになってしまったんだ、と後悔して苦しくなってしまいます。

そんな思いを味わったのに、いざ上司とまた話す時はどうでしょうか。

結局、時間をおいても、場所を変えても、上司にちょっとの嫌みすら言えずじまいなのではないでしょうか。

今度は説明するのが怖くなってしまって、「要点だけまとめて話すんだ」と思っていたのに、また説明が長くなって上司から嫌な顔をされてしまいます。

2 その仕事って、そんなに時間をかける意味があるの？

職場の周りの人と比べたら、自分はちょっとドジなところがあるかもしれないけれど、書類などの不備には敏感です。

「みんなに迷惑をかけてしまう」という思いから、何度も書類を丁寧にチェックして不備をしっかりなくしてから提出します。

それなのに「その仕事って、そんなに時間をかける意味があるの?」と上司に言われてしまうと、「はあ…なんでこんなこと言われるんだろう……」と頭が真っ白になってしまいます。

その瞬間は頭が真っ白になるだけです。

けれども後から「あなたのやっている仕事はそんなに意味がないから」とものすごく否定された気持ちになってしまいます。

「自分が上司から全く評価されていない」と思って愕然としてしまいます。

これまで「みんなに迷惑をかけないように」と真剣にやってきた自分がバカに思えて仕事を辞めたくなるばかり。

それでも、職場に行くとやっぱり自分のミスが気になって気になって……チェックに時間がかかってしまい、それを見ている上司の目がものすごく苦痛に感じてしまいます。

3 どうせそんなに真剣に仕事してないんだから

こんなひどいことを言われるケースもあります。

仕事がリモートワークになって、職場との環境の違いのせいで、思っていたよりも仕事に時間がかかってしまった時。

上司に資料の提出が遅れてしまって「どうせそんなに真剣に仕事してないんだから、さっさと提出しちゃってよ」と言われると、頭が真っ白になってしまいます。

言われた直後は頭が真っ白になって「しまった！　もっと真剣にやっておけばよかった！」と後悔が襲ってきます。

でも、後になって**「あれ？　毎日職場に通勤していた時よりもものすごく真剣に仕事に取り組んで、夜中まで時間をかけていたから遅くなったのに、なんでこんなことを言われなきゃならないんだ！」**と上司に対してものすごい怒りが湧いてきます。

「こんなに真剣に取り組んでいるのに、上司には家でさぼっている、と思われているんだ」としおれた気持ちになってしまうんです。

4 もうちょっと考えて仕事をやったら？

仕事をやっていて、同僚から以前注意されたところを指摘されて「もうちょっと考えて仕事をやったら？」と言われて頭が真っ白になってしまいます。

「せっかく同僚から教えてもらったのに同じ間違いをしたから、同僚の親切を無駄にして怒らせちゃったかな？」と怖くなります。

でも、後になって「同僚もいつも同じミスをして私は何も言わずにフォローしているのに、なんであんなことを言われなきゃならないの！」とものすごくムカついてしまいます。

「あんただってちゃんと考えて仕事をやっていないじゃない！　いつも周りとペちゃくちゃ喋っているくせに！」と嫌な気持ちになります。

そして最後には**「あー、私が仕事ができないって周りに言いふらされたら嫌だな」**と暗い気持ちになります。

なんであの時に「あんただってちゃんと考えているの!?」と言ってやらなかったんだろうと、何も言えなかった自分がものすごくダメ人間に思えてくるんです。

5 あなたのせいでみんなが迷惑をしている

職場の作業でみんな同じ立場のはずなのに、ちょっと仕事で間違ったことをしたら、ボス気取りの人から「あなたのせいでみんなが迷惑しているんだから」と言われて、頭が真っ白のまま「すみません」と謝ってしまいます。

言われたその時は「あ、私が仕事の覚えが悪いせいでみんなに迷惑をかけている」と思ってしまったけれど、「え？　私がいつ誰に迷惑をかけたっていうの！」とムカついてしまいます。

みんな適当に仕事をやっていて、クレームが入ってきてもお互いにかばい合っているのに**「どうして私の時だけ、こんなことを言われなきゃならないの？」**と仕事に行くのがものすごく億劫《おっくう》になります。

そしてムカついているはずなのに、なぜか周りの人の視線が怖くてまた仕事でミスをして……どんどん仕事ができない人になってしまうんです。

6 もう少しみんなに気を使ったほうがいいよ

職場でみんなと一緒にランチに行くのが苦手なので「一人で行ってきます」と外に食事に行くようにしていた時のこと。

同僚から「もう少しみんなに気をつかったほうがいいよ」と言われ「ガーン！」とショックを受けて頭が真っ白になってしまいます。

「自分だけ場の空気が読めない人になっているの？」

「みんなから嫌われているの？」

そんな風に自分の行動を振り返ってしまって「あのことかも、あんなことかも……やっぱり自分はダメだ」と思ってしまいます。

でも、よくよく考えたら「一緒にランチに行かないだけで、なんであんなことを言われなきゃならないの！」と気が付いてしまってムカつくのですが、職場に行くと言われたあのひと言が気になって萎縮して何も言えなくなってしまうんです。

イラっとするのに言い返しにくい「パートナー」のひと言

1 なんでもっと考えてお金を使わないの？

パートナーが冷蔵庫を覗いた時に、賞味期限切れの食材を見つけた時のひと言で頭が真っ白になってしまいます。

「あんただって、無駄なパソコンの部品をたくさん買っているじゃない！」とか「どうしてこれだけあなたの健康のことを考えていることがわからないの⁉」とムカつきます。

でも**「やっぱり私は無駄遣いをしている」**と嫌な気持ちになって、パートナーに申し訳ない感じになってしまうんです。

2 なんで人の気持ちを考えて行動しないの？

出かける準備にちょっと時間が掛かってしまってパートナーから言われたひと言で頭が真っ白になって涙目になってしまいます。

その時は「もうあんたとは出かけたくない！」とブチギレそうになってしまいますが、後から**「あなただって私の気持ちを考えて行動したことなんてないじゃない！」**と気が付き、「なんであの時に言えなかったんだろう！」と悔しくて仕方がなくなります。

でも、パートナーを目の前にするとどうしても頭が真っ白になって何も言い返すことができなくなってしまうんです。

3 いつも言い訳ばかりでちっとも変わってない

食事の用意が遅くなってしまって、状況を説明しようとしたらパートナーから言われたひと言で頭が真っ白になってしまいます。

その時は何も言えないのですが、後から「私にも私の事情があるのにどうしてそれを言い訳というのか！」とものすごい怒りが湧きます。

「なんであなたの都合にいつも合わせなきゃならないの！　なんで私がいつも下手に出なきゃいけないの！」とパートナーにガツンと言いたくなるのですが、涙目になりながら食事の用意をしてしまうんです。

4　言い方がすごく不快なんだけど？

パートナーにだらしない所を優しく注意したつもりなのに、パートナーから言われたきついひと言で頭が真っ白になって、思わず物を壊したくなります。

「私の言い方じゃなくて、あんたのだらしなさをまずは直せよ！」と後からだったら浮かんでくるのに、その場になると頭が真っ白になって何も言葉が浮かんでこなくなってしまうんです。

そして、私がきつい性格ということにされてしまって、そのせいでパートナーが不快な思いをしていることにすり替えられて悪者にされてしまう。

5 いつも同じことを繰り返しているよね

食事を用意しているのに、パートナーが連絡をよこさないで遅く帰ってきた時に言われたこのひと言で頭が真っ白になってしまいます。

「はあ？」とその時はあきれた感じで何も言えなくなってしまいましたが「え？同じことを繰り返しているのはあなたですよね！」と怒りが湧いてきます。

「私がしつこいストーカーみたいに言われたけど、食事を用意しているんだから連絡をよこすのは常識じゃないんですか！」とパートナーを目の前にしていなければいくらでも浮かんでくるんです。

あの時どうしてこれが言えなかったかな、と後悔しながらも、また同じことを繰り返してしまうんです。

親しいほどにグサリと刺さる「友人」のひと言

1 知らないうちに人を傷つけてるって、気付いたほうがいいよ

自分の味方だと思っていた友達から「あなたのために言ってあげる」という体で言われたひと言で頭が真っ白になってしまいます。

その場では「私はみんなから嫌われている」とショックを受けます。

でも、後になって「いやいや、あんたのひと言のほうが人を傷つけているから！」と気が付いてしまって口も利きたくなくなります。

この発言に対してだって「あんたはものすごく私のことを傷つけているのにどうして気が付かないの？」と突っ込みたくなるのですが、いざとなると「ごめん

ね」と謝ってしまうんです。

2 みんなから色々なことを言われているよ

友達が「親切で教えてあげる」という体で言ってくれた時に「ガーン」となります。

その時は頭が真っ白になって「色々言われているから気を付けたほうがいいよ」と優しく忠告をしてくれている、と善意として受け止めたのですが、後になって**「色々言っている人たちの中に、あんたも入ってるでしょ！」**と気が付いて友達の裏切りにショックを受けます。

そんなことを思いながらも、その友達と会った時には気を使ってしまう自分に嫌気がさしてしまうんです。

3 あまり人の気持ちを考えてないよね

友達と話をしていて、友達の癇《かん》に障《さわ》るようなことを言ってしまったからなのか、急に言われたひと言で頭が真っ白になってしまいます。

その時は「うわ～、友達を不快な気分にしちゃった」と自分の発言を振り返り反省してしまいます。

「あのことなのかな？　それとも、このことが嫌だったのかな？」と後になって考えてみると**「あれ？　私ってそんなおかしなことを言っていないよね！」**と間違い探しの正解にたどり着きます。

「あんたのほうが人の気持ちを考えないで私のことをいつも傷つけているじゃない！」とわかってしまって「またやられた！」と悔しくなります。

4　そのうちあなたの周りから友達がいなくなるよ

他の友達からされたことを相談していて言われたひと言。これで「ガーン」と頭が真っ白になります。

真っ白になって「あ！　そうだよ！　私だけが文句を言っているんだ。私がおかしいんだ」と反省します。

でも、後になって**「あなたのことを信用して他の友達のことを話したのにどうしてそんなことを言われなきゃならないの！」**と信用していた友達に怒りが湧きます。

そして、自分が言った悪口を言いふらされるのが怖くなって、眠れなくなってしまうんです。

あなたにだけは言われたくない!「親」のひと言

1 どうしてもっと親の気持ちを考えないの?

親に言われたひと言で、頭が真っ白になってしまって「あー、確かに親の気持ちを考えていない親不孝者の罰当たりだからこんなみじめな状況になっているのかも」と思ってしまいます。

でも、後になって「いや、待てよ！　あなたたちは子供の気持ちを考えたことがあるのか？」とムカついてきてしまいます。

いつも自分勝手な親で子供を振り回してきたくせに、と思ったら、いつも親に気を遣って振り回されてきた自分がみじめになってものすごく嫌な気持ちになります。

でも、気が付くと「あ！　また親に気を遣っている自分がいる」と元の状態に戻っていて、親に振り回されてしまうんです。

2 子供の頃から自分のことしか考えないよね

親から頼まれたことを断った時に言われたひと言で「ガーン」と頭が真っ白になります。

確かに自分はいつも自分のことしか考えていないかも、と申し訳ない気持ちになります。

でも、時間が経ってくると**「あれ？　本当に自分のことしか考えないんだったら、親から言われた言葉なんて気にしないはずだよね？」**と矛盾に気が付きます。

いつも親から言われたことを気にして、それが呪いのようになって「私は自己中心的なんだ」と反省します。人に気を使いすぎて馬鹿を見る、ということを繰り返していた元凶はここだったんだ、と夜になって眠れなくなります。

でも、どうしても頭が真っ白になったあのひと言が気になって、人目を気にすることが止められなくなるんです。

3 どうしてそんなみっともない恰好をしているの？

久しぶりに会った親から言われたひと言で頭が真っ白になって、その時は「へらへら」と笑ってごまかしてしまいます。

服のセンスが無いから、職場でも近所でもバカにされて自分は見下されるんだよな、と笑いながらも嫌な気持ちにさせられます。

でも、後からイライラしてきて「ちょっと待てよ？」と親の服装が思い出されて「あなたのほうが時代遅れのダサい恰好をしていながら、どうしてそんなふうに人の服装のことが言えるの！」と親に怒りの電話を掛けたくなります。

けれども「私のために言ってくれたのだから……」と怒りをどこにも吐き出せなくなります。

そして、朝になると「自分は服や化粧のセンスがない」と落ち込んで嫌な気分にさせられるんです。

4 もう少し体形のことを考えて食事に気を付けなさいよ

ちょっと休み明けに太ってしまったかな、と気になっていたところに、一緒に住む親にそのことを聞いたら返ってきたひと言で「ガーン」と頭が真っ白になってしまいます。

否定してほしくて聞いたのに、「やっぱり太って見えるんだ！」とショックを受けます。

そして「なんでもっと私に気を遣ってくれないんだ！」と親への怒りが湧くばかり。

不《ふ》貞《て》腐《くさ》れてその場を去ったあと「申し訳なかったかな？」と反省もしたけれど「あれ？　親が食べろとしつこくいつも食べさせておきながら食事に気を付けろとはどういうこと！」とムカついてきます。

さらに親に対して**「気を付けろって言いながらあなただってダラダラ食べてだ**

らしない体形になっているじゃない！」と自分のことを棚に上げて、いつも余計なことを言う親に頭に来てしまうんですが、その場になると真っ白になって何も言えなくなってしまうんです。

第2章

言い返せないのは、弱さのせいじゃない

「言い返せない」を後悔するのはなぜ？

言い返せないのは「気持ちの問題」じゃない

嫌なことを言われると、「頭が真っ白」になって頭がいつものように働かなくなります。

時間が経ってから「なんであの時何も言えなかったんだろう?」と後悔して「ああ言えばよかったのに」「こう言えばよかったはず」といろいろ考えが浮かんでくる。

でも、その場になると何も言えなくなって涙目になってしまう。

これって「自分がヘタレだから」とか「弱虫だから」とずっと思っていました。

しかし、ある時に心理学のストレス刺激実験をお医者さんと一緒にやっていました。

そこで「あ！　これは弱虫とかヘタレの問題じゃない！」ということに気が付きました。

なぜなら「嫌なことを言われたら頭が真っ白になってしまう」という人が「大きな音のストレス刺激」を受けた時「血糖値を抑えるホルモンが大量に分泌されて、血糖値が下がった！」という働きを目の当たりにしたからです。

嫌なことを言われたらちゃんとその場で言い返せる人は「大きな音のストレス刺激」で血糖値が上がっていました。

嫌なことを言われたストレスで血糖値が上がり、「頭がフル回転で働く！」となって「その場で言い返しちゃうぞ！」と反応することができるんです。

ところが「頭が真っ白になってしまう」という人は嫌なことを言われたら血糖値が下がってしまうから「頭が働かない」となってしまい、低血糖状態になるから、手が震える、涙目になる、体に力が入らない……といった弱々しい状態になっていたんです。

そしてもっと興味深かったのは「頭が真っ白になってしまう」という人は「後から血糖値が上がってなかなか下がらない」となっていたこと。

普通、人は「嫌なことを言われた」となったら、その場で「ムカつく！」と言い返して、それさえ済めば後から血糖値が上がることはありません。

ですが、「真っ白になる」という人は後から上がってなかなか下がらなかったり、血糖値がアップダウンを繰り返したりします。

これによって後から「ああ言えばよかった」という後悔や相手への怒りが次から次へと湧いてきてしまう、というあの現象の説明がつくんです。

その場では血糖値が下がってしまうので何も言えないのですが、後から血糖値が上がってものすごい怒りが湧く。

でも、いざとなったらまた血糖値が下がってしまうから何も言えない。

「頭が真っ白になってしまう」というのは体質の問題だったんだ！　ということがわかってきました。

ストレスで「発作」が起こる

さらに、このストレスで脳が低血糖になってしまう、ということで、もう一つ大変なことがわかってきました。

それは「頭が真っ白になって後先のことを考えないでキレてしまう」という現象です。

私も「頭が真っ白になって言いたいことが言えなくなる」という子供だったのですが、学校で授業中にみんなから間違いをはやし立てられてしまうと頭が真っ白になったまま「もう嫌だ！」と学校を飛び出してしまっていました。

「頭が真っ白になる」というのだったら「その場から動けない」というイメージがあるかもしれませんが、**実際は「キレて言っちゃいけないことを言ってしまう」や、私みたいに「キレてやっちゃいけないことをやってしまう」状態となって学校を飛び出したりしてしまいます。**

脳は電気信号で考えたり身体に指令を送ったりしています。

嫌なことを言われたりして急激に血糖値が下がることで脳内の電気信号に異常

が起こり「破壊的な人格」になってしまうのを、一般的には「キレてしまう」といいます。

私たちはストレスの影響で低血糖となり脳内の電気異常から破壊的な人格に変身してしまうのを「発作」と呼んでいます。

この低血糖による発作は起こす人と起こさない人がいて「お腹が減ったらイライラする」という人は「頭が真っ白になる」ことや「発作を起こして破壊的な人格になってしまう」ということがちょっと疑われます。

食事一つ変えるだけでも、あなたは変われる

最近、肉食ケトジェニックダイエット（Ketogenic Carvivore Diet）という食事療法を「頭が真っ白になる」という人が実践してくださいました。

そうしたら「頭が真っ白にならなくなって、その場で言いたいことが言えるようになった！」と変化したのでびっくり。

お肉だけを食べて「糖質」をカットすることで血糖値がストレスで下がらなく

なります。

嫌なことを言われても「頭が真っ白」にならなくなったと変化をしたので「本当に血糖値の問題で頭が真っ白になっていたんだ」というのがわかったわけです。

さらに、それを実践してくださった人が「あれ？　破壊的な人格にならない！」と変化したのもびっくり。

いつも、キレて人間関係を破壊したり、仕事を辞めてしまったりするのが「あれ？　なくなっている！」と淡々と仕事ができるようになり、出世もできたんです。

低血糖を起こさない食事療法で何人もの人がそのように変化したことで、「本当に低血糖で破壊的な人格になってしまうんだ！」ということが見えてきたんです。

自分の体質を知れば大丈夫

ミルクがほしい赤ちゃんのストレス

「頭が真っ白になってしまう」という人には、家族に血糖値の問題がある人がいるかを確認しますが、それは、遺伝的な要因で「ストレスで血糖値が下がりやすい」という体質を持っている可能性があるためです。

そして、もう一つのポイントは「赤ちゃんの時のお母さんのおっぱいのタイミング」です。

赤ちゃんが「お腹が空いた！」と泣いた時に「よしよし」とお母さんが抱きしめてあげて、そしてミルクを飲ませて安心させてあげる。

それを繰り返していると、赤ちゃんは空腹のストレスで泣いてお母さんに訴えて、そしてミルクをもらってそれが治まる、ということが定着します。

ミルクのタイミングが赤ちゃんのほしいタイミングと合っていると「ちゃんとストレスに反応できる」という大人になることができます。

このお母さんのミルクのタイミングがずれてしまうと「ストレスで頭が真っ白になる」という大人になる可能性が出てきます。

さらに、お母さん自身が自分の母親から「ミルクのタイミングをずらされてしまった」という場合は、「赤ちゃんが泣いた時に頭が真っ白になる」となるから、自動的にミルクのタイミングがずれてしまい、ストレス時に頭が真っ白になってしまう子供になる可能性もあります。

ですから**「自分は母親だけのせいで頭が真っ白になるようになった」というわけではないんです。**

世代間連鎖で「子供が泣くと頭が真っ白になって破壊的な人格になる」ようになり、赤ちゃんに無自覚に意地悪をしてミルクのタイミングがずれてしまったりするので、どうすることもできなかったりするんです。

だから、簡単に母親を責めればいいという問題ではありません。

母親との関係で「お母さんと一緒に居るとイライラする」とか「気分がどんどん落ち込む」という場合は、「お母さんのミルクのタイミングが関係しているかも！」と考えるくらいがいいかもしれません。

体質改善には「自覚するだけ」！

でも、ミルクのタイミングがずれて「ストレス時に頭が真っ白になる」という大人になってしまった、という自覚を持つだけで体質が変わってきます。

そうなんです！

「え？　自覚するだけで、本当に体質が変わるの？」という問いへの答えは「はい！」です。

私もそうでしたが、人間関係で「頭が真っ白」となった時に原因がわからないから、「なんて自分は情けないんだ」とか「弱虫なんだ」と自分を責めます。

自分を責めるのは自分をいじめているのと一緒だから、ストレスを感じて、当然ストレスホルモンがものすごく分泌されます。

ストレスホルモンは実は糖質なんです。

ですから、**自分を責めてストレスホルモンをしょっちゅう出している人は「砂糖漬け状態」になっているのと一緒。**

自分を責めて砂糖漬け状態にすることで、先ほどの「血糖値の問題」が出やすくなる。

ですから、「お母さんのミルクのタイミングの問題で、自分のせいじゃないんだ！」と気が付くことで、自分を責めなくて済みます。

「『頭が真っ白になる』のは赤ちゃんの時のミルクのタイミングのせいだけなんだ」と自分を責めないであげる。

すると、「あれ？　だんだんちゃんとその場で言い返せるようになってきた！」と頭が働くように変わってきます。

また「その場では言えなかったけど後から嫌なことが次から次へと思い出される」という時も「あ！　ミルクのタイミングで後から血糖値が上がってきている

んだ」と自分の体質を自覚してあげることで変わってきます。

「自分が嫌なことを思い出してしまう」と自分のことを責めるのではなくて「後から血糖値が上がってしまうから嫌なことを思い出してしまう」と自覚して自分を責めることをやめる。

そうすると、血糖値が自然と安定して「あれ？　嫌なモヤモヤが続かなくなった」となるのです。

仕組みを知れば、自分を責めなくなる

この仕組みを知らないで、「なんでこんな嫌なことをいつまでも考えちゃうんだろう！」と自分のことを責めてしまうと、ストレスで血糖値が上がってどんどん嫌なことを考えるばかりになります。

自分の体質を知ることで自分を責める必要がなくなると「血糖値が安定してきた」と変わるわけです。

その場で頭が真っ白になっても、後から嫌な思考が浮かんできても、自分の体

質を知っておけば「自分を責めない！」となる。

だから、ストレスホルモンの乱高下がなくなって「血糖値が安定してきた」となるから、だんだんとその場でちゃんと対応できるようになります。

さらには「嫌なことを言われなくなった！」と変化していけます。

「最強の味方」の無意識、うまく使えてる？

なぜか「危ない人」が集まってくるワケ

頭が真っ白になる人は「肝心なところで言い返せず失敗しちゃう」となるから隙だらけで突っ込みどころがたくさんあります。

だから「人からいじられる」や「ダメ出しをされる」、そして「馬鹿にされる」ということが増えてどんどん惨めな気持ちになってしまう。

一方、頭が上手に働く人は「突っ込みどころがあまりない」から「人から認められる」、「人から一目置かれる」ようになり、そして「人から尊敬される」という立場に上がっていきます。

本来、人には無意識という最強の味方がついています。

この場合の無意識は、「動物的な勘」みたいなものです。

「こっちへ行ったら危ない！」とか「あの人に近づいたら危険！」というのを匂いとか音とか雰囲気などで事前に察知しています。

頭が真っ白になってしまう人は、無意識で「こっちへ行ったら危ないんだろうな」となんとなくわかっているのに「え？　なんでそっちへ行っちゃうの！」と危険な選択をしてしまうことばかりです。

それは「リスク」にばかり気持ちが持っていかれて、頭がいっぱいになって働かなくなってしまっているから。

頭が働くようになると、いちいち考えなくても無意識で察知しているままで動くから「私は危ない人と出会わないな」と、知らないうちに危ない人に近づかないし関わらなくなっていきます。

だから、頭が働いている人は危ない人から攻撃されても、ちゃんと無意識からの情報が使えるので「子犬ちゃんがいくら吠えても私を傷つけられない」とどっしり構えていられます。

無意識は自動的に相手と自分の能力の差を教えてくれます。

だから「相手は子犬」で「自分は大型犬だから危険はない」と自動的に判断ができて相手にしないでスルーできます。

頭が真っ白になってしまう人は、無意識からの情報をうまく使えないから子犬に遠くで吠えられただけで「大型犬に噛みつかれた」と同じくらいダメージを受けてしまって、大きな精神的ダメージを負ってしまいます。

頭が働く人は、「相手との力の差」、「関係性」、「距離」、そして「リスク」を全て無意識が自動計算して教えてくれるので、外からぱっと見ただけでは「何も考えていない」ように見えてしまいます。

無意識に任せると頭はフル回転！

実は「何も考えていない」ことこそが、「ものすごく頭が働いて、無意識の情報が使えている」という状態なんです。

無意識は動物的な本能のようなものですが、無意識が働いている時は、脳の全体を使っている状態でもあります。

頭が真っ白になってしまう人は、「一生懸命に自分の頭を使って考える」という努力をしています。

けれども、危険な目に遭わないように自分で一生懸命に考えている時は、ふしぎなことに「脳の一部しか使えていない！」となるわけです。

相手が吠えていたら、「吠えられている」ということにしか注意を向けられなくなり、考えられなくなってしまいます。

「吠えられている」という脅威だけに注目してしまって、その脅威を感じる脳の部位だけが活発になることで「恐怖」がどんどん高くなるのです。

「恐怖に耐えられなくなって頭が真っ白になる」というイメージです。

頭が働いている人が「自分の頭で考えない」でいられるのは、無意識の情報を的確に使うことができているから。

普段からあまり自分で考える必要がないのは「危なかったら無意識が教えてく

れる」ということがわかっているから。

頭が働いている人は無意識が自動的に危険を察知して回避してくれるので、自分でいちいち考える必要がありません。

チャンスにはすぐ反応できる

無意識は危険を回避するだけじゃなくて「チャンスの場面でもちゃんと教えてくれる」という機能もついています。

だから頭が働く人は無意識が「ここはチャンスだよ！」と教えてくれた時に、しっかりとつかめます。

普段は無意識に任せてストレスホルモンの分泌が少ない。

チャンスの場面で頭が働くように適切にストレスホルモンが分泌されて「ものすごく頭が働く！」と、普段あまり何も考えていないように見える人でもチャンスを的確にゲットすることができます。

頭が真っ白になってしまう人は、いつも危険を回避するために自分の頭で考えて怖さを感じているためストレスホルモンを出し続けています。

そしてチャンスがやってきた時に無意識がちゃんと教えてくれているのに、自分の頭で「危険」ばかりを考えているので無意識からのチャンスの情報が使えない。

「あ！　チャンスだ！」とわかったとしても、普段からストレスホルモンを使いまくってしまっているので「チャンスの場面で頭が働かなくなってチャンスを逃しちゃう！」ということが起きるんです。

第3章

あなたを縛る「〇〇すぎる！」考え方

論理的に考えすぎる！

いきなり「野球できる？」と言われても

これは他の本にも書きましたが、私が「頭が真っ白でパニックになった！」という場面でものすごく記憶に残っているのが、学生時代のソフトボールの試合にいきなり出された時でした。

英語教師のマークに「お前は日本人だから野球ができるんだろ？」と聞かれて、英語があまりできなかった私は「ＹＥＳ！」と会話を続けるために答えてしまいました。

するとマークから「今夜、ソフトボールの試合があるんだけど参加しないか？」と聞かれて、また「YES！」と答えてしまいました。

その次の瞬間から、胃が気持ち悪くなって「嫌だな〜、野球なんてほとんどやったことがないけどどうしよう」と悩みはじめます。

「うまくできなくてマークから嫌われたら」

「みんなの前で失敗して恥をかいて立ち直れなくなったらどうしよう」

などとぐるぐる考えてしまいます。

気が重いまま夜になって、ソフトボールの試合場に向かうと「なんじゃこりゃ！」と思うぐらい立派な野球場がそこにあって、たくさんの観客が応援席に座っているじゃないですか。

「え？　こんなの聞いてないよ！」と私はパニックになります。「私にはこんなの無理無理！　だってキャッチボールだってろくにできないんだから」と頭が真っ白に。

マークは球場に来た私を見つけて「ノブ！　お前はライトを守れ！」とグローブを渡します。

ずっしりと重いグローブを受け取りながら「ライトって何？」と訳が分からな

いまま。

チームのみんながグラウンドへと走っていくので私も走っていくと「ＮＯ！」とマークから怒鳴られて、やはり頭が真っ白になって固まりました。

近くにいた人が「あっちだよ！」と、私が進もうとしていた方向と全然違う方向を指さして教えてくれました。「ＮＯ！」と言いながら「もっと後ろ！」というジェスチャーをするので後ろに下がって「ＯＫ！」のサインのところで止まりました。

その時にバッターがボールを打って「カキーン！」という音とともにボールが空高く上がりました。「こっちには来ないでくれ！」とか「ボールをキャッチしたらどこに投げるのかな？」と頭で考えっぱなしです。

どうやらボールは私の方向へと飛んできていて、マークが私に「ノブ！　キャッチ！」と叫んでいます。

私はグローブを頭上に構えて「ここら辺に落ちてくるだろう！」と思って落ちてくるボールを目で追っていると、私の遥か後ろに「ボトン」とボールの落ちる音がします。

「しまった！」と私はそこで涙目になってしまって、動けなくなります。

近くのチームメンバーが慌ててボールが落ちた方向に駆け寄ってきて、ボールを握って私に渡しました。

私は頭が真っ白なまま、ボールを明後日の方向に投げてしまい観客からは「ギャッハッハ！」と笑われ、ますます頭が真っ白になってそこからの記憶が途切れてしまいました。

右脳と左脳にまたがる差

この私の頭が真っ白になる体験は「幼少期にミルクのタイミングがずれていてストレス時に血糖値の問題が起きる」ということで説明ができます。

でも、もう一つ「頭が真っ白になる」という条件があるんです。

それは右脳と左脳の特徴の違いから起きます。

左脳は、いろいろ言葉を使って考える思考や論理的に分析する時に活動しています。

そして右脳はボールと自分との距離を感じたりする空間認識や人の視線を感じたりする知覚を働かせている時に動いています。

まず私はマークから「野球ができるか？」と誘われた時に、左脳で「会話を続けなければ」とか「マークから嫌われたら成績が落ちるぞ」ということをゴチャゴチャ考えています。

右脳では「野球ができるか？」という質問に対して「感覚的には無理～！」と感じています。

この時に私は左脳でゴチャゴチャと考えることで、右脳の「感覚的に野球なんて無理！」という情報を完全に無視しています。

私は意図的に無視したわけではなくて「左脳のほうが活発に活動している！」となっていた状態だったから右脳の「無理～！」という情報に気が付けません。

そんな時には、右脳よりも左脳のほうが活発に活動しているから、左脳のほうが電位（電気信号）の高い状態といえます（脳は電気で動いています）。

左脳でゴチャゴチャ考えれば考えるほど電位が上がって、左脳と右脳の電位差が大きくなった時に何が起こるか。

「ビビビッ！」と右脳と左脳をつないでいる「脳梁《のうりょう》」という部位でサージ（大波電流）が起きて頭が真っ白になります。

こうなるといわゆるパニック状態になるので、私のように「野球ができます」とできもしない、いい加減なことを言ってしまうんです。

右脳と左脳の情報を正しく使えていない

もし、ゴチャゴチャ考えないで左脳との電位差がなければ、右脳の「野球なんて無理」という感覚的な情報を使えるから、パニックにならずに「日本人だけど野球はやったことがありません」と素直に答えられたはず。

球場に行った時に「みんなに怒られたらどうしよう」とか「みんなの前で失敗して恥をかいたらどうしよう」とゴチャゴチャ考えてしまうと、左脳の電位が上がっていきます。

右脳の直感的な判断で「ライトは右側だよ！」という情報が使えず、右脳の電位が低くなり、右脳と左脳をつないでいる脳梁でサージが起きて「パニック」になります。

結局、「私はどこに行ったらいいの！」という状態になってしまうわけです。ボールが向かってきた時に「とれなかったらどうしよう」とか「みんなに迷惑をかける」などと左脳でゴチャゴチャと考えてしまうと、右脳の「ボールとの空間的な距離感」の情報が全く使えなくなります。

そこでもやはりサージを起こしてパニックになり「固まってしまって動けなくなる」という悪夢の状態になってしまったんです。

まじめで妥協できずに考えすぎる!

「ちゃんとやろう」で脳が誤作動

まじめで妥協できない人ほど左脳でゴチャゴチャと考えちゃう、という状態になるから左脳の電位が高くなってしまいます。

まじめで妥協しない人は、右脳では「まあいいじゃない!」とか「柔軟にやれば!」と感じているのに、それを無視してしまうから左脳と右脳の電位差から「ビビビッ」と大量の電気が発生してしまって、感電した状態で「頭が真っ白」となってしまいます。

まじめで妥協できない人は、例えば、仕事をしている時「ちゃんとやらなきゃ」とか「間違いがないように見直さなきゃ」と思ってしまいます。

それって当たり前のことのように思えるのですが、それは左脳がものすごく活発に働いている状態です。

右脳では「ちょっと手を抜いてやったほうがいいじゃない！」とか「肩の力を抜いてやれば間違いないって！」などと感じているのですが、まじめで妥協できない人は右脳の感覚を無視してしまう。

すると左脳と右脳の電位差ができてしまうから、上司から間違いを指摘されたら「頭が真っ白」になってしまう。

「頭が真っ白」になってとんでもない失敗をしでかして悪夢が現実になってしまった、となるわけです。

右脳の感覚もちゃんと使える人は「ちゃんとやらなきゃ」といちいち考えることなく、淡々と仕事をこなすことができます。

間違いを上司から指摘されたら「間違いを指摘してくださってありがとうございます！」と笑顔で感謝できるので上司からも好かれます。

そして「頭が真っ白」になることなく、間違いからちゃんと学習して次のステップに上がることができるのです。

まじめな人にミスをさせる「破壊的な人格」

まじめな人・妥協できない人は、左脳と右脳の電位差でサージが起きることで「記憶がちゃんと整理されない」という問題が起きてしまいます。

パニックになると「学習されない」状態になってしまう。

だから、いつまでたっても同じところをぐるぐる回っている、と自分自身の成長やステップアップがなかなか感じられないんです。

さらに、まじめな人・妥協できない人がパニックを起こした時に「ミスを連発する」とか「大変な失敗をしちゃう」というのは、実際は破壊的な人格に変身してしまっているからです。

破壊的な人格に変身してしまうから「ミスを連発して周りにダメージを与える」ということをやってしまう。

まじめな人・妥協できない人だから、会社や上司にダメージを与えるような悪いことはしない、と周りから思われている。

ですが、サージを起こして破壊的な人格に変身してしまうと「仕事のミス」という地味な破壊活動をしてしまう。

さらに、破壊的な人格なので上司に対して「ふてくされた態度を取ってしまう」から「上司からの印象が悪い！」となり評価が思いっきり下がります。

だから、まじめな人・妥協できない人は「こんなに一生懸命に仕事をやっているのに上司からも会社からも認められない」となってしまうんです。

でも、実際は「まじめにやる」とか「妥協しない」ことに左脳を使えば使うほど柔軟な右脳との電位差が起きてしまい、ちょっとしたストレスで大量の電流が発生して破壊的な人格になってしまう。

せっかくまじめに築きあげてきた業績や印象を一瞬でぶち壊してしまうのです。

右脳と左脳がケンカしてる

そして、まじめな人・妥協できない人は「こんなに一生懸命にやっているのに認められないのはおかしい」と左脳がますます働いて矛盾を感じてしまう。

左脳と右脳のバランスがうまく取れている人は、左脳が活発になっている人から見たら「いい加減に仕事をやっている」としか映らない。

「なんでこんなに一生懸命に頭を働かせている自分が認められないで、あいつらばかり認められて」とますます左脳が活発になります。

そんな風に考えている時も右脳は「周りの人は関係ない！」とか「楽しく仕事をしていればいいじゃん」と感じている。

それを無視してしまうと左脳と右脳の電位差が起きてしまって破壊的な人格に変身し、「こんな理不尽な会社は辞めたい！」となってしまうのです。

まじめな人・妥協できない人が家事をやると「ちゃんとパートナーのためにやらなきゃ」と一生懸命にやろうと左脳をフル活動させてしまいます。

でも、右脳では「楽しみたい！」とか「もっと楽に生活がしたい」などと感じているのです。

それを無視してしまうと左脳と右脳の電位差が起きてしまいます。

そして、パートナーが帰ってきて「あれ？　食事はまだ？」と聞いただけでサージが起きてパニックになります。

本人はパニックになって「みそ汁のみその量を間違える」とか「肉を焼きすぎる」などのミスを連発してしまいます。

脳のサージ電流が流れて破壊的な人格に変身したから、ミスでパートナーにダメージを与えるようなことをしてしまう。

サージ電流が脳に発生してしまうから、記憶が飛んで「家事もちゃんとやらないダメパートナーと言われた！」と破壊的に相手の言動を受け止めてしまう。

相手からすれば「そんなこと言ったつもりはないのに！」となるのですが、脳のサージ電流が破壊的な人格にするから「絶対にあなたは言った！」と喧嘩腰になってしまうんです。

「あ！　左脳が働きすぎてるかも！」

だったら、こんなまじめな人・妥協できない人はどうしたらいいの？　となります。それは、「ちゃんとやらなきゃ」とか「間違ったことはしちゃいけない」などとちらっとでも感じた時は「あ！　左脳が働きすぎている！」と気が付いてあげるだけでいいんです。

「左脳が働きすぎている」と気が付いてあげることで「右脳はどんなことを感じているのかな？」と自動的に右脳が感じている情報を取りに行くことができます。

右脳は「いいじゃない！　適当で！」とか「間違ったっていいって！」など柔軟な考えを持っていたりします。

それを無意識で感じることで「まあいいか！」と淡々と目の前のことをこなすことができて「楽しい！」と感じられるんです。

そうなると、頭が真っ白になってパニックを起こすことがなくなっていきます。

「いい・悪い」で考えすぎる！

感覚的なほうがいい

「いい・悪い」で考えすぎる人は、自分がいい悪いで考える、いわゆる「白黒思考」である自覚があまりなかったりします。

「みんなと同じようによく考えて行動しているだけ」と思っていますが、実際は「いい・悪い」を考えすぎて左脳が活発に働きすぎの状態です。

そして、左脳が活発に活動しすぎていると、必ずといっていいほど理不尽なことが自分にだけ起きてしまう。

例えばスーパーのレジに並んでいたらレジの店員さんの態度が自分に対してだ

け悪かったりして「なんで私にだけ？」と頭が真っ白になってしまいます。

車を運転していたら図々しい車がわざと自分の車の前に割り込んできて、「なんでそこに割り込んでくるの？」と頭が真っ白になってしまう。

「いい・悪い」の「白黒思考」は自分では気が付きにくいけれど、目の前で理不尽なことが起こって頭が真っ白になったら、「あ！　私は『いい・悪い』で考えすぎちゃっているんだ！」とわかります。

「なんで自分だけ⁉」というような理不尽なことは「いい・悪い」で左脳が活発に活動して、右脳との電位差でサージが起きた時に発生します。

脳のサージ電流が起きて理不尽なことが起きるのか、それとも理不尽なことが起きたからサージ電流が発生するのか。

どちらなのかは「鶏が先か、卵が先か」のようですが、どちらにしても理不尽なことが起きる時は「いい・悪い」の「白黒思考」が影響している可能性があります。

「なんで私だけ！」も白黒思考のせい

また「自分にだけダメ出しをされる」という時も「いい・悪い」で考えすぎている時の特徴だったりします。

他の人だったら注意されないことでも「なんで私だけ注意をされるの！」という事が起きます。

いつもちゃんと人に気を使って、ダメ出しをされないように気をつけているのに、自分だけ目の敵にされているようで不快な思いをしている時。

「なんでこんなことが起きるの？」というと、まず自分の気がつかないうちに人のことや自分の行動を「いい・悪い」で考えすぎてしまうことで、左脳が活発に働いてしまいます。

そして「いい・悪い」で考えれば考えるほど「自分の感覚で動く」ということができなくなるから、右脳と左脳の電位差が起きて、大量の電気が発生してしまいます。

すると同じように「いい・悪い」で考えすぎてしまう人が近づいてきてしまう

のです。

そして、同じように左脳を活発に働かせている相手に対して攻撃的になるのは、相手も左脳と右脳の電位差で大量の電気が脳に発生して破壊的な人格になってしまうから。

相手が脳内の大量の電気で破壊的な人格になると、こちらも脳内で大量の電気を発生させて「頭が真っ白」になってしまって「なんで私にだけ」ということになってしまうんです。

「いい・悪い」で考えすぎない人たちは、脳に電気を帯電させることがないので「自分には変な人は近づいてこない」となります。

ですが、脳に電気を帯電させてしまう「いい・悪い」で考えがちな人には、変な人がその電気に引き寄せられて目の敵にされてしまうんです。

「いい・悪い」で考えすぎてしまう、という自覚が持てなくても「理不尽な目に遭う」とか「変な人に目の敵にされる」ことが思い当たるのであれば「いい加減にやる」とか「適当に考える」ことを心がけてみましょう。
すると、「あれ？　理不尽な事が起きなくなった！」とか「変な人に目の敵にされなくなった！」と変わっていきます。

「いい加減」「適当」と思えたら○K

「いい加減」とか「適当」にやろうと思った時に「自分には無理かもしれない」と思ってしまったら、それは「いい・悪い」の判断をしてしまう左脳が活発に活動をしているから。

左脳が活発に活動をしていると「いい加減」とか「適当」にものすごく抵抗があって「私にはそれはできない」と決めつけてしまいます。
「いい加減」とか「適当」という言葉は、左脳が活発になっている人の右脳を活発にする作用があります。

仕事をやる時でも「いい加減にやろう」と自分の中で唱えるだけでも「右脳が活発になって左脳の電位が下がる」という効果が得られますから、電気が脳に帯電しなくなり理不尽なことが起きなくなります。

何かトラブルがあっても右脳と左脳の電位のバランスが取れるようになるから「頭が真っ白にならずに、的確に対処することができちゃう！」となります。

さらに、部屋を片付ける時でも「適当にやろう」と思ってやってみると、右脳が働いて考えないでてきぱき動けるようになって、これまでとは違った部屋の整理ができるようになり、気持ちがスッキリしてきます。

すると、外に出ても「あ！　今日はこっちの電車に乗ろう！」と勘が働いていつもとは違うことができるようになる。

そんなことをしていると「あれ？　最近変な人に遭遇しないんですけど！」と不快な人に出会わなくなって頭が真っ白になったり、パニックになっていたことが懐かしく思えるようになっていくんです。

「いい加減」とか「適当」にすることに抵抗を感じたら「いい・悪い」で考えすぎているんだという証拠です。

右脳と左脳の電位の差を調節することで頭が真っ白になってパニックになることがなくなり「スムーズに事が運ぶ！」と人生が楽しくなっていきます。

人の気持ちを考えすぎる！

人の気持ちを「考える」のは左脳

頭が真っ白になってしまう人は「人に渡すプレゼントのセンスが微妙」ということがよくあります。

自分では一生懸命に相手のことを考えているつもりなのに「あれ？　プレゼントを渡したら微妙な顔をされてしまった！」とあまり喜ばれない。

それは、頭が真っ白になってしまう人が「自分は相手の気持ちを考えすぎちゃう」と思っていても「考えている」というのが左脳ばかりだから。

「あの人はプレゼントにお金を使ったら喜ばないはず」とか「人とは違ったもの

を好むはず」などとその人の過去の発言から左脳を使って論理的に考えてしまいます。

相手は気を使って「そんな高いプレゼントなんていらないからね」とか「そんなブランド品なんて身につけたくないから」と言ったのに、左脳で考えてしまうと相手の言葉を真に受けてしまいます。

右脳では「自分が考えて選んだプレゼントは喜ばれない」と直感が働いている。

右脳ではちゃんと相手に何をプレゼントしたらいいか直感的にわかっている。

でも「相手の気持ちを考えすぎる」と相手の言葉を真に受けて左脳が優位に働きます。

すると、右脳との電位差で大量の電気が発生して「ダメなプレゼントを買ってしまう」ことで相手をがっかりさせてしまう。

「あーあ！　わかっていたのに」と後になってくよくよして、再び頭が真っ白になってしまうのは、相手の気持ちを考えすぎてしまうからです。

職場や学校でも「場の空気が読めない」という人がいます。

場の空気が読めない人は「人の気持ちを考えていない」と思われてしまうのですが、それは間違っています。

逆に「場の空気を読まなければ」と思って「人の気持ちを考えすぎる」ということをやっていたりするのです。

すると、周りの人の言葉ばかりを真に受けてしまい、左脳が活発に働いて、右脳の感覚的な情報を使うことができないから、左右の電位差で大量の電気が脳内に発生して「破壊的な人格」になって場の空気が読めない発言や行動をして「あーあ！」という残念なことになり、頭が真っ白になってしまうんです。

「人の気持ちばかり考えてしまう」という人は「相手の言葉を真に受けてしまう」ので、左脳が活発になって「右脳で感じていることとは違う！」となって混乱します。

相手の仕草、表情をイメージする

でも、その結果は右脳ではちゃんと感じていたはずなのに、それがわかっていながらできなくなって、相手を困らせたり不快なことをしてしまうのが「相手の気持ちを考えすぎる」ということで起きてしまうんです。

この「相手の気持ちを考えすぎてしまう」人は、「相手の立場になって相手の感覚を感じてみる」ことで、右脳が活発に働くようになって「頭が真っ白にならなくなった！」となれます。

具体的には「このプレゼントを私がもらったら」と頭の中で自分が相手になりきってプレゼントを受け取っている場面を想像します。

相手の表情とか仕草をイメージすると右脳が活発に働いて、左脳と右脳の電位差がなくなります。

電位差がなくなると「相手の気持ちをあまり考えなくても相手に喜ばれるプレゼントが選べた！」となります。

普段からものすごく人の気持ちを考えているのに、「相手から意地悪なことを言われちゃう」とか「理不尽なことをされちゃう」という人は、「頭の中で相手になりきってみて、自分が今からしようとしている」ことを想像してみます。

すると相手の表情や反応を想像することで右脳が活発に活動して「頭が真っ白にならなくなった！」となり、相手との会話がスムーズになります。

「相手の気持ちを考えすぎちゃう」となり始めたら、相手になりきってみて相手の気持ちを感じてみましょう。

右脳が活発に動いて左脳とのバランスが取れるようになるから「人の気持ちを考えすぎる」ということがなくなって、自分が感じたまま相手に話をしてもスムーズに会話が進むようになります。

「え～！　頭の中で相手の姿になって想像するのは面倒くさい！」と思う人は「左脳が活発に働きすぎているんだな！」という証拠になります。

合言葉は「相手になりきる」

「私にはできない」とか「面倒くさい」と思う時も、脳の左右の電位差があるからです。

そんな時は「相手になりきる」と思うだけで、だんだんと右脳が活発に働くようになって、人の気持ちを考えすぎずに「コミュニケーションがスムーズになった！」となるんです。

脳はとっても面白くて「相手になりきる」と思うだけで、右脳が「相手の感覚を感じる」とか「相手の表情を確かめる」という想像の作業を自動的にやってくれます。

「人の気持ちを考えすぎちゃう！」という時に「相手になりきる」と心の中で思ってみるだけでいいんです。

右脳が自動的に活性化されて、左脳とのバランスを取り、考えなくても相手を喜ばすことができるようになっていきます。

第4章

「褒め」で脳内ノイズを吐き出す

相手を褒めると自分もスッキリ！

「相手を褒められない」がストレスサイン

私は、休みの期間中にずっと一人で家に引きこもって誰にも会わなかったことがありました。

そして「さあ、買い物に行かなければ」と久しぶりに外に出ようとした時に「あ！　外に出るのが不安だ！」と頭が真っ白になってしまったんです。

自分でもびっくり！　外に出て人に会うのがものすごく不安で怖くなりながらも、意を決して外に出てパン屋に入って店員さんに「袋、要りますか？」と声をかけられた時に、頭が真っ白になってしまいました。

「あわわわ」と言葉が出なくなって店員さんやレジに並んでいるほかのお客さんの前で思いっきり恥をかいてしまいました。

それから仕事が始まって外に出て人と接触するようになったら、面白いことに「あれ？　頭が真っ白にならなくなった！」となりました。

「なんで人としばらく接触していないと人と会った時に頭が真っ白になるんだろう？」とその仕組みが知りたくなりました。

その後、京都大学大学院のラットを使った医学実験で、「他のラットと接触していないとmDiaというタンパク質が脳内で増えて、そのタンパク質が不安にさせていた」ということが明らかになりました。

私が誰とも接触しないでいた時は、脳内のmDiaというタンパク質が増えてしまったから「人と話をすると頭が真っ白になる！」という仕組みだったのです。

人と会わなければ会わないほど、脳内のタンパク質が増えて、人と接した時に「頭が真っ白になる！」ということが起きてしまう。

そんなことを考えていたら「いや、待てよ！　普段から人と接触をしていても同じように頭が真っ白になることってあるよね」と気付き、頭が真っ白になった時の前後を振り返ってみました。

それは、「何をやっても面白くないしうまくいかない」という時です。人から不快なことを言われたりして「人のことが信じられない！」となっていた時だよな……とパターンが見えてきます。

頭の中に常に自分へのダメ出しや、人に対する批判が渦巻いていました。

そして、実際に人と会話をする時に「あれ？　全然相手のことを褒められない！」となり、嫌なことが起こると「頭が真っ白になる！」となってしまっていました。

いつもだったら、相手のことを褒められていたのに、精神的に余裕がなくなってしまうと「人のことが褒められない」となって、そこからちょっとしたストレスがきっかけでパニックになってしまったのです。

ということは**「人のことを褒められない」のは、もしかして精神的に引きこもり状態になっていたからでは、**と考えました。

精神的に引きこもり状態になることで、頭を真っ白にさせるタンパク質が増えてしまっていた、と考えると「家の中に引きこもっていた時と一緒」です。

同じような反応になっていたから「人のことが褒められない！」というのが、精神的な引きこもり状態をつくって脳内のタンパク質をどんどん増やしてしまっていたから、ということが見えてきたんです。

余裕のなさは「精神的な引きこもり」状態

人のことが褒められないと「人と会うのが億劫」になります。

それは精神的な引きこもり状態で脳内のタンパク質がどんどん増えているからです。

頭の中にパニックの原因になるノイズがいっぱい溜まってくるイメージです。

精神的に余裕がない状態の時は、確かに自分のことしか考えられなくなってしまいます。

人が話をしているのに、それがちゃんと頭に入ってこなかったり、相手の気持ちを考える余裕が一切なくなってしまったり……。

「ただ自分の心に余裕がないだけ」と思っていたのですが「精神的な引きこもり状態」と思ったらちょっとわかりやすくなります。

そんな精神的な引きこもり状態の時に「人のことを褒めている余裕なんてない！」と思うのは当たり前。

なぜなら、「頭が真っ白になる」の原因であるタンパク質が脳内でどんどん増えてしまうから。

「余裕がない」とか「パニックになる」というのは、脳内のタンパク質が増えてしまっているから、となれば、「外に出てタンパク質を減らしちゃいましょう！」ということで解決できます。

引きこもっていた私が外に出るようになったら「あれ？　全然人のことが怖くなくなったぞ！」となったのは、脳内のタンパク質というノイズが外に出ることで消えたから。

精神的な引きこもり状態になった時は「引きこもっている」という自覚を持つことは難しいですが「人のことが褒められない」というのが引きこもりの指標になります。

「人のことを褒める」ことで「精神的に外出する！」という効果が得られます。

「褒められない」ままでは引きこもり状態で脳内に頭を真っ白にするノイズを増やすことになります。

けれど、逆に人を褒めてしまうことで、どんどん心の外出をして脳内のノイズを打ち消すことができるんです。

褒めると想像力が解放されていく

論理的思考で「ダメ出し」が増える

学生時代、心理学の授業の時に教授から「自分の素晴らしいところのリストを作ってみてください」と言われて「エ〜！」となってしまいました。「自分の素晴らしいところ」と言われても全く思いつかず「食べるのが早い」とか「学食は残さずに食べる」などしか浮かんできませんでした。

そして、教授から「今度は自分のダメなところをあげてみてください」と言われた時に「うわー！　ノートにいっぱい書けるかも！」となりました。「学習能力が低い」、「記憶力が悪い」、「コミュニケーション能力が低い」、「英語がまともに喋れない」、「人と親密になることができない」、「だらしがない」、「物を捨てられない」……など次から次へと出てきて自分でもびっくりしました。

すると教授が「**素晴らしいところよりもダメなところのリストが多かった人は論理的、分析的な思考が得意な人で左脳を多く使っているんです**」と言われて「へー！」と感動したんです。

子供の頃から「あんたは思いつきで動いて、ちゃんと考えないダメな子」と怒られ続けてきたので「自分は直感的な右脳の子」と思っていたのですが、「論理的思考が得意」と言われて自分でもびっくりでした。

教授から「今度は隣の人の素敵なところリストを作ってみてください」と言われて、長い金髪のジェシカだったので「うわ！　緊張する！」となりました。でも、この時の私は冴えていて「ジェシカは頭がいい」、「みんなをまとめる力がある」、「カリスマ性がある」、「服や持ち物のセンスがいい」、「コミュニケーション能力が高い」、「人に気遣いができる」……と書いていて止まらなくなっていきました。

それを見ていたジェシカもびっくり。

私が書いたあまりにも長いリストを教授が見て**「ノブは、ジェシカのイメージから想像力を働かせたから、この時は右脳が働いている」**と言われたんです。

教授は単純に「右脳と左脳の機能の違いについての説明」のためにリストを書かせたのですが、私はそれをやってみた時に**「あ！ 人を褒めて右脳を働かせると自分が解放された感覚になる！」**ということに気がついたんです。

ジェシカを褒める前は、心理学のクラスの中でも「自分はクラスのみんなと仲良くなれない」とか「誰よりも成績が悪い」、「教授からも嫌われている」と心の中で思っていて、常に自分にダメ出しをしていて「自分はこのクラスで孤立している」と本気で思っていました。

ところが、ジェシカを褒めるリストを作成してから「あれ？ 孤立して息苦しい感覚がなくなった！」と感じて、なんだか広い空間に解放された感覚になりました。

今、あの時を振り返って考えてみると「自分は論理的、分析的に考えて左脳を使うことで精神的な引きこもりになっていた」ということがわかります。

なぜなら「孤立」と「孤独」をたくさんのクラスメイトがいる中でもずっと感じていたからです。

私はクラスで孤立していたのでジェシカを全く知りませんでした。

知らない相手なのに「素晴らしいところを褒める」となったら、想像力が働き「素晴らしいジェシカ」というのを勝手に作り出せてしまった。

褒めることで想像力を働かせて右脳が活発に動くようになったら「孤独感と孤立感から解放された！」という感覚になれたんです。

そうなんです、右脳には「空間の把握」をする機能があります。

左脳の論理的、分析的な思考だと「正しいor間違っている」の「白黒思考」に陥って、孤立した狭い空間にいる感覚だったのが、右脳が働き適切に空間が把握できるようになると「孤立感から解放された！」と狭い空間から広い空間に飛び出した感覚になったんです。

相手を知らなくてもイメージで褒める

自分や人にダメ出しをしていると論理的、分析的な思考が働いて左脳が優位になり「精神的な引きこもり状態」になっていたりします。

そこで「人を褒める」ということをやろうとしても、まだ相手のことはわかりません。

そこで想像力を働かせることで右脳が活発になります。

右脳が活発になることで、自分の周りの空間を適切に把握できて「精神的な引きこもり状態」から脱出できて、考えが外の広い空間に飛び出せるんです。

たまに「家族のことを褒めてあげてください」とカウンセリングの中で伝えると「家族には褒めるところがありません」という答えが返ってきます。

それは論理的、分析的な思考である左脳がバリバリに働いているせいです。

「私は家族のことをよく知っている」という自負があるから「想像力」が働かなくなってしまいます。

そんな時は**「もし、家族が赤の他人であったらどんなふうに褒められます**

か？」とイメージを使って右脳を刺激して、想像力を働かせてもらうと、

「あ！　家族のことを大切に思っています」

「気遣いをしてくれています」

「コミュニケーションを取る努力をしています」

「節約に協力してくれています」

などとたくさん褒めるところが出てくるのは右脳が活発に動くようになったから。

そして、右脳が活発に動くようになると精神的な引きこもり状態から解放されて脳のノイズが減るので頭が真っ白にならなくなります。

どんな場面でも楽しく動くことができてしまう。

脳内のノイズが減って、さらにどんどん頭が働くようになるから「自分の思い通りに人生が進む〜」と嬉しくなるんです。

「会いたくもない相手」でも褒める

前もって決めた褒め言葉は無意味！

「会うと頭が真っ白になる相手」がいます。

会う前から「嫌だな〜」とか「気が重いな〜」となっているのは、脳内でノイズが大量に発生しているからです。

「会うと頭が真っ白になる相手」が「あれもダメ、これもダメ」という論理的な思考や「あんなふうに考えているんじゃないか、こんなふうに思っているんじゃないか」という分析的な思考を刺激するから、あなたも左脳が活発に働いてしまう。

そして、精神的な引きこもり状態になって脳内にノイズが増えてしまう。

脳内のノイズが増えてしまうことで頭が真っ白になって、思い通りに行動できなくなります。

そして、相手の前で悔しい思いをしたり、相手に対する怒りが発生することでさらに左脳が刺激されて、ますます脳内のノイズが増えてしまうんです。

こんな「会うと頭が真っ白になる相手」も褒めてしまうことで、「右脳が活発になった！」と脳内のノイズが減って頭がクリアに働くようになります。

「頭が真っ白になる相手だから、褒め言葉なんて思いつかない！」と考えるのは当たり前です。

「こんなところを褒めてやろう！」と、褒め言葉を用意して「会うと頭が真っ白になる相手」のところへ行っても、面と向かったら「頭が真っ白になる！」となって褒め言葉がまともに出てこなくなってしまいます。

なぜなら、**「事前に褒め言葉を用意する」というのは「相手を褒めたらこうなる」という左脳の分析力を使っているので、脳内のノイズが減らず、目の前にす**

ると頭が真っ白になり、相手を褒められなくなってしまうんです。

「思ってもいないことを褒める！」と脳内で唱える

右脳を刺激するためには「思っていないことを褒める！」が一番効果的なんです。

「思っていないことを褒めるって、嘘をつけというの？」と左脳の論理的思考は抵抗感を示します。

「嘘をつけ」というのではなくて、「思っていないことを褒める」というのは**「何もないところから作り出す」という右脳の想像力を刺激するため。**

「思ってもいないことを褒める！」と相手を前にして頭の中で呟いてみると「あれれ！　結構、適当な褒め言葉がスラスラと出てくるんですけど！」となります。

「思ってもいないことを褒める！」で右脳の想像力が刺激されて「会うとパニックになる相手」が右脳の力によって全然違う人に変わっていきます。

思っていることを褒めようとすると左脳が働いているから、脳内のノイズは減らずに頭は働きません。

ところが、思ってもいないことを褒めると右脳が刺激され、どんどん脳内のノイズが減るから、頭が働いてすらすら褒め言葉が出てくるようになります。

そうしたら「会うと頭が真っ白になる相手」に対する脳内のノイズが消えていきます。

「相手の前でもちゃんと頭が働くようになった！」となり、頭の中が自由に解放されていくんです。

自分のアイディアも湧いてくる

ある女性は、職場の上司から質問をされると「パニックになる」と悩んでいました。

女性は「それはできません」とか「あれもダメです」と否定的なことばかり上司に言ってしまいます。

すると「否定的な意見を聞かせてもらいたいわけじゃなくて、どうしたら私が言っていることができるのかを知りたいんだ！」と、上司を不機嫌にさせてしまいます。

そうなるとますます女性は「そんなことを言われてもできないものはできません」と否定的に言ってしまい、上司から冷遇されるようになってしまいました。

上司から冷たくされてどんどん仕事に行くのが億劫になってしまい、「月曜になるのが怖い！」と月曜日に体調を崩して休みがちに……。

ついには上司に会うとパニックになるようになってしまったんです。

そんな女性に上司に対して「思っていないことを褒める！」ということをやってみてもらうことにしました。

女性は「いや、私は嘘がつけませんから」とか「冗談すら苦手なんです」と頑なに上司を褒めることを拒否していました。

ですが「上司の前でパニックになる」のをどうしても止めたくて「脳のノイズを消すためだったら」としぶしぶ挑戦してみることにしました。

上司の前で「思ってもいないことを褒める」と頭の中で唱えてみると**「〇〇さ**

んのご指導のおかげで、自分がわかっていないところが見えてきました！」という言葉が出てきて彼女はびっくりしました。

それを聞いた上司は「え？」と狐につままれたような顔をしていましたが、次の瞬間に「そうか！」と嬉しそうな表情に変わりました。

すると女性の口から「〇〇さんって、本当に部下のことを考えて指導してくださっているんですね！」と本当に思っていないことが口から出てくる。

上司は恥ずかしそうに「いや、そんなことはないけど」とこれまで見せたことがないような表情をしました。

苦手な上司を褒めてみたら、上司の前でのパニックも減り、会社に行くのが楽になって体調を崩して休むこともなくなります。

上司から無理難題を言われても「思ってもいないことを褒める」と唱えてみる。すると「そのアイディアすごくいいですね！」と適当なことを言った後に、不思議と上司の無理難題を簡単に片付けるアイディアが出てきて「頭のノイズが消えるとこんなに頭の回転が違うんだ！」と自分の能力にびっくりしました。

そして、女性は「あれ？　他にも誰か頭が真っ白になる相手がいなかったかな？」と「会うと頭が真っ白になる相手」を探して、この技で脳のノイズをもっともっと消してみたくなったんです。

「思ってもいないことを褒める！」で右脳を刺激して、脳のノイズを消してみると面白いことになります。

無理に親孝行をせずに済む親の褒め方

苦手な親のいいところ、言えますか？

もしかすると、これを読んでくださっている人は「私は親の前ではちゃんと文句を言ったり怒ったりできているから頭が真っ白になることはない」と思っていらっしゃるかもしれません。

子供の頃はともかくとして「もう大人だから両親にははっきり自分の怒りをぶつけることができる！　だから親の前ではパニックになっていない」というわけです。

でも、**「相手の前で頭が真っ白になる」の一番のわかりやすい指標は、「相手を**

褒めることができるか？」というポイント。

「親を褒めてみてください」と言われた時に「あれ？　褒める言葉が見つからない！」という場合は、頭が真っ白になっている証拠なんです。

親と向き合うことで頭が真っ白になって、どんどん脳内にノイズが溜まってしまい「精神的な引きこもり状態」になっていたりします。

その状態は「自信がない」とか「自己肯定感が低い」、「自分のやりたいことができない」、そして究極は「自分の人生に希望が持てない」ということにつながっています。

親を褒めてしまえば、脳内のノイズが消えてこの感覚から自由になれます。

そうなんです！　親が誰よりもあなたの左脳を刺激し、精神的引きこもり状態を作り出して脳内のノイズを増やす存在なんです。

そんな親は「でも、だって」と否定的なことしか言いません。

そして、何か素敵なことをこちらがしても褒めたり素直に喜んだりすることもないんです。

常に斜めから見ていて、論理的、分析的な思考を刺激してきて、左脳を活発に活動させます。

そんな親に対して怒っても「罪悪感」を感じてますます左脳が活発になる。

何も言わずに我慢しても、親の不満そうな顔で「嫌な気分」にさせられて脳のノイズがどんどん増えてしまいます。

苦手な親から自由になる「ランダム褒め」

「そんな親を褒めるのは無理〜」となるのは当たり前です。

だって、頭が真っ白で働かないから、褒め言葉なんて見つからない。

出てきたとしても嫌みだけでしょう。

そこで、親と自分の右脳を刺激して脳のノイズを消す褒め言葉を挙げてみましょう。

「お母さん（お父さん）には、いつも心から感謝しているんだ」とランダムに呟きます。

何かしてもらったから、という場面ではなくて、ランダム、つまり全く関係な

い時にこの言葉をかけます。

これには「思ってもいないことを言う」ことでこちら側の右脳の想像力を刺激するという効果があります。

この言葉をかけられた親は「え？　どのことを言っているの？」と過去に遡るイメージ力で右脳が刺激されて脳のノイズが減っていくわけです。

親から「え？　なんのこと？」と聞かれたら具体的に答えず、「え？　なんとなく、いつも感謝している」とぼかしてみましょう。答えをぼかせばぼかすほど、親の右脳が刺激されてイメージ力が使われるのでノイズが軽減されます。

「お母さん（お父さん）っていつも素直で優しいよね！」。これもランダムに何もない時に褒めてみます。

これはお互いの右脳にある、時間的な認識の部分を刺激しています。

「素直で優しい」の言葉の背後には、「これまでの一つ一つの運命を受け入れている」という、これまで生きてきた貴重な時間という認識があります。

脳にノイズが溜まっていたら、精神的な引きこもり状態になってしまうから積極的には生きられません。

だから、黙って運命を受け入れてきたという状態を、まるで悟りと同じような意味で褒めています。

この褒め方で「運命と捉えて耐えてきたこと」が両親の頭の中で時間的に感じられることで右脳が刺激されて脳のノイズが消えていきます。

「お母さん（お父さん）は自分の弱さをちゃんと知っているよね」というのも、実は大きな褒め言葉になります。

「親が自分の弱さを知っている」と言葉がけをすることで、「両親と自分は違うんだ」と親と自分との間に距離を感じられることで右脳が刺激され、ノイズが消えていきます。

親は「弱さを知っている」と言われた時に右脳の身体感覚を感じる部位が刺激されます。

だから、右脳が活発になりノイズが消えてお互いに精神的な引きこもり状態から脱出することができるんです。

「お母さん（お父さん）は違いが分かる人だよね」というのもランダムなタイミングで褒めていきましょう。

「違いが分かる」というのは、こちらからしたら「思ってもいないことを褒める」ことで右脳の想像力が刺激されます。

親は「違いが分かる人」と言われることで、右脳の芸術性が刺激されて、脳のノイズが消えて自由になっていくんです。

このように「思ってもいないことで褒める」というのは親にも使えるのですが、こんな「褒め言葉のサンプル」を試してみると、褒めた後の自分と親の脳の状態の違いを確かめることができたりします。

褒めてどんどんノイズを消し去って自由に親の元から羽ばたいていけます。

親孝行のためとかではなくて、脳のノイズを消してお互いに自由になるために褒める喜びを感じられます。

第5章

相手の「罪悪感」を受け止めない

「頭が真っ白！」の王道シチュエーション

自分がおとしめられた時

他人からの刺激で頭が真っ白になる王道シチュエーションはいくつかあります。

一番わかりやすいのが**「間違いを指摘されて責められる」**です。

間違ったことをしているのを誰かから指摘されて、相手から責められた時に「頭が真っ白になる！」となってしまいます。

例えば、一対一でもつらいですが、周囲に人がいる場合はさらに頭が真っ白になってしまいます。

「みんなの前で恥をかかされる」ということも、強烈な「頭が真っ白になる」の王道シチュエーションになります。

仕事のミスを指摘されたり、自分の特徴をみんなの前で真似されて笑われたり。自分のミスや、自分の恥ずかしい部分を認められないとさらにパニックになってしまう。

認められず反論すると、相手から「言い訳をしている」と指摘されて責められてしまい、また「頭が真っ白」となります。

自分としては「相手の誤解を解こうとしている」という時に「言い訳をしている」と責められるわけです。

誰しもが自分の弱さを相手に知られないように、いろんな場面で一つのキャラクターを作り出して演じています。

それを誰かに暴かれようとすると「頭が真っ白になる」となります。

例えば子供が父親に対して「あいつ使えない」と言った時に、母親が「お父さんの悪口なんて言うもんじゃありません！」と注意します。

そんな時に「お母さんだってお父さんの悪口をいつも言っているじゃない！」と指摘されると母親は頭が真っ白になります。

「良き母親」を演じていたつもりが「ダメ夫に苦しむ妻」の本性が子供にバレていたとわかり「子供のくせに生意気なことを言うんじゃないよ！」と怒鳴りつけてしまいます。

誰かから「嘘」を暴かれてしまった時も「頭が真っ白」になってしまいます。

ある人が職場の備品を壊してしまった時に「責められる」と思ったから「私じゃありません！」ととっさに嘘をついてしまいました。

もしかしたら、自分が触る前から壊れていたかもしれない、と思って「私じゃありません」と言ったのですが、職場の人は「いや、あなたしかいなかった！」とまるで刑事のように追及してきました。

「あなたは嘘をついている！」と言われた時に「頭が真っ白」となってしまいました。

これらの王道のパターンを見てみると、**誰かから自分を「醜い人」にされてしまうことで頭が真っ白になる、**というパターンが見えます。

「醜い人」は、周りの人たちとは違う、汚らわしくて、卑しい存在で、誠実さのカケラもなくて、嘘つきで大泥棒、というイメージです。

「泥棒」なんて自分には関係ない、と思っているかもしれませんが**「仕事をしていない給料泥棒」とか「無駄なことにお金を使っている」など、ちょっとした嫌みにもその効果があります。**

要するに自分が「加害者」にされることで「頭が真っ白になる」ということになるのです。

相手が間違っているのに……

その逆もあって、「自分が被害者になる」ことで頭が真っ白になってしまうパターンもあります。

相手から平気で間違ったことを言われた時に「間違ったことで自分が被害を受ける」という状況で頭が真っ白になります。

相手が目の前で恥ずかしいことをしてきても、パニックになってしまいます。

相手が性的な恥ずかしい話をしてきた時に「頭が真っ白になる」となってしまうこともあります。

ある人は、親がレストランなどで店員さんに大声で話をしていて「恥ずかしいのは親」という状況で「頭が真っ白になる！」となってしまって、それから人と食事をするのが怖くなってしまいました。

自分が被害者なのに、頭が真っ白になってしまうということがあるのです。

「相手が間違っているのに言い訳をされている」という時も、頭では「何、言い訳をして！」と怒っているのですが、実際は頭が真っ白になってその場で言葉を失ってしまう。

怒っているのに何を言っていいのか分からなくなってしまう、あるいは相手を怒鳴りつけてしまう、という反応も頭が真っ白になるからなんです。

そして、平気で嘘をつく相手に対しても「頭が真っ白になる！」となってしまいます。

平気で嘘をつく相手に頭が真っ白になって、破壊的な人格に変身させられて人間関係や仕事のチャンスなどを破壊させられてしまうことがあるんです。

心の傷の場所にどうか気づいて

普段から、人から責められないようにまじめに誠実に生きている人が、誰かから「加害者」や「被害者」にされてしまうことで頭が真っ白になると、それまで一生懸命に積み上げてきたものが簡単に打ち壊されてしまいます。

清く正しく生きていればいるほど、これらの刺激で頭が真っ白になって、それを打ち壊されてしまう傾向があるんです。

でも問題は、これらの刺激で「頭が真っ白になる！」となってしまうと、それが心の傷になってしまうこと。

「相手に嘘をつかれる」とか「嘘つき呼ばわりされる」という刺激があった時に頭が真っ白になってしまうと、それが心の傷になってしまいます。

「嘘をついてはいけない」という強い思いから、「嘘」という傷にものすごく敏感になって、嘘を避けようとします。

嘘を避ければ避けるほどまじめで誠実になるわけだから、相手はそこを刺激してくるんです。

だから「そんなにまじめに誠実になんて生きなければいい」と言われても「無理」となる。

そこで、相手からの刺激で頭が真っ白になる、という状況になった時に「ここに自分の心の傷があるんだな」と思って、傷ついている自分に優しくしてあげることで「あれ？　真っ白にならなくなってきた！」となるのです。

「なんで？」「どうして？」が心に刺さる謎

演じるキャラを丸裸にされてしまう

パートナーから「ヨーグルトを買っておいてね！」と頼まれたのに、パートナーが家に帰ってきて冷蔵庫を開けたとたん、「なんで、ヨーグルトを買っておいてくれなかったの？　なんで？」と責められ、頭が真っ白になってしまうこともあるでしょう。

買い忘れたことに理由なんてありません。

でも**「なんで？」とつけられることで「私の頼みごとをなんで無視した？」と意図的に無視した、と責められている感じになります。**

そして、「買ってくるという約束を裏切った嘘つき」と責められている感じになるから、「なんで？」という言葉で完全に相手から「加害者扱い」をされている感覚になって、頭が真っ白になってしまうわけです。

つい「私だって忙しかったのよ！」と、ただ忘れてしまったのに「忙しかった」という言い訳をつけてしまう。

すると相手から「言い訳をして」と責められている感覚になってますます頭が真っ白になって、相手との関係を破壊するようなことをつい言ってしまったりするんです。

ある人は、職場で上司から言われる「どうしてこの前注意したことができていないの？」という言葉の中の、「どうして？」というフレーズで頭が真っ白になってしまいます。

上司から「どうして？」と言われることで「上司の指示に従わない自分勝手な奴」とか「言われたことができない給料泥棒」と責められている感覚になってしまって頭が真っ白になってしまいました。

すると、なぜかふてくされた態度をとってしまい上司をますます怒らせてしまいました。

「なんで？」とか「どうして？」という相手からの質問のようなフレーズの中に、強く責める言葉を感じるから「頭が真っ白になる！」となってしまう。

この「どうして」とか「なんで」という言葉は非常に巧妙に相手の頭を真っ白にするように仕組まれています。

なぜなら「自分は○○の理由でできなかった」と言えば「言い訳をしている」と指摘されるから、さらに頭が真っ白になってしまうんです。

「なんで？」と聞かれて、頭が真っ白になったまま説明をしてしまうと、そこには「嘘」が混ざってしまうから「嘘つき」と指摘されてさらに頭が真っ白になってパニックに陥ってしまいます。

相手からすれば「あなたの本音が知りたいから『なんで』とか『どうして』と質問をしているだけ」という意図でしょう。

ですが、「本音なんて相手から嫌われちゃうから言えない！」となるわけです。

誰でも、自分の本性は偽って、その状況に応じてキャラクターを演じているものです。

　その演じているキャラクターの下の素の自分を出してしまったら、相手を傷つけてそして自分は嫌われてしまう、という恐怖があるから「本音なんて出せない」となるのです。

　そして、演じているキャラクターと本音の違いから「嘘をついていた」と嘘つき呼ばわりされてしまうのは目に見えている。

　だから、嘘をつき通さなければならなくなって、それを相手から見透かされている感じになるとさらに「頭が真っ白になる」となってパニックになってしまうんです。

心が乱れる原因は「罪悪感の刺激」

「どうして」とか「なんで」以外にも、「嘘つき」、「誠実じゃない」、「騙している」、「間違っている」、「素直じゃない」、「反省がない」、「無駄遣い（時間とお金で泥棒扱い）」、「非を認めない」、「人の気持ちが分からない」、「自分のことしか考えない」、「自己中心的」……などなど「私が加害者です」という感覚にされるフレーズが相手の言葉の中に入っていると「頭が真っ白になる」となってしまいます。

心を乱されるフレーズの特徴は「罪悪感を刺激される」ことです。

相手から、何かを言われて心を乱された時に「あれ？　私が悪かったのかな？」と罪悪感が刺激されて反省の気持ちが湧きそうな時は「これが頭が真っ白になるフレーズなんだ！」と気づけます。

そして、「自分は違う！」と相手が言っていることに対して思いきり否定したくなるフレーズにも「頭が真っ白になる」刺激が入っています。

「私はそうじゃない！」と思いきり否定したくなるようなフレーズを言われた時は、頭が真っ白になってしまうから、気がついたら相手から極悪人に陥れられてしまいます。

だから、相手が言っていることを思いきり否定したい感覚になった時は「あ！これは頭が真っ白になるフレーズが入っているんだ！」と思ってみると、相手の罠もスルーできてしまいます。

それとは逆に「相手を思いきり責めたくなる」と怒りが喚起される時も「これって頭が真っ白になるフレーズが入っているんだ！」と気がついてみるといいでしょう。

怒りを感じる時は、「自分の頭が真っ白になっている」というのに気がつきにくい状態です。

でも、相手の怒りを喚起させるフレーズで確実に頭は真っ白になって、破壊的な人格に変身させられてしまうから、気がついたら「あれ？　私が極悪人にされちゃった！」と責める立場から責められる立場にいつのまにかなっています。

それは、頭を真っ白にさせるフレーズのせいで、破壊的な人格に変身させられてしまったから。

そう、頭が真っ白になるフレーズを入れてくる相手は、こちらが清く正しく生きていることが面白くなくて、自分たちと同じようになってもらうことが目的なんです。

「自分を消す」で相手の罪悪感を抱えない

「相手が何を求めているか」だけを感じる

ある子供がだらだらとテレビを見ていたら母親から「なんであなたはちゃんと勉強しないの！」と怒鳴りつけられたとします。

「なんで」が付いていますから、心を乱されるフレーズで子供は頭が真っ白になってしまって「勉強をしなきゃいけないのはわかっているけど、勉強ができない」となってしまいます。

　この「なんで」を使った親は「子供に勉強をさせるために使った」と言いますが、本当に勉強をやらせたいのだったら「そろそろ勉強の時間よ！」とか「この前買ってきた参考書を一緒にやってみようか！」というのが効果的なのは、心のどこかでわかっているはず。

「なんで勉強をしないの！」は効果がないのがわかっているのに使い続けるのはなぜでしょう？

それは母親自身も「ちゃんと勉強をしてこなかった」という罪悪感があって、さらには「自分も調子が悪くて家でだらだらしている罪悪感」もあるから。

子供を「なんで！」と責めて「怠け者」で「やるべきことをやらない嘘つき」という極悪人に仕立てて、子供を母親の中にある罪悪感の免罪符にしている。

もちろん、母親は子供を免罪符に使っている自覚はありません。

ですが、子供に対して心を乱すフレーズを使っている母親の心の裏には、自分でも気がつかない「後悔」や「罪悪感」があります。

その罪悪感が子供に映し出されて、言葉がけをする時に、子供の心を乱すフレーズが入っているので、子供は頭が真っ白になって「やるべきこともしない極悪人」に仕立て上げられてしまうんです。

だから、心を乱されるフレーズで極悪人にされて頭が真っ白になりそうになったら「相手はこんな極悪人の精神状態なんだ！」と感じてみると楽しくなってきます。

職場で「なんであなたはいつもちゃんと書類を見直さないの！　何度も注意しているじゃない！」と注意されたら頭が真っ白になりますよね。

本当に部下に見直して欲しかったら、心を乱すフレーズなんて必要なくて「○○さん、もう一度この書類見直してみて！」で済むはずです。

この上司は「仕事ができない給料泥棒」という極悪人を作り出して、自分の仕事ができない罪悪感を軽くしようとしているだけ。

上司を見ると、ちゃんと完璧に仕事ができているように振る舞ってみえますが、でも、中身はボロボロで「仕事をしているフリをする嘘つき」という罪悪感でいっぱい。

その罪悪感を軽くするために、頭を真っ白にするフレーズを使って、仕事ができない極悪人を作り出します。

もちろん、これは意図的ではなくて上司の中にある罪悪感がそれを自動的にさせてしまう。

部下を責めているようで、実際は自分自身の不まじめさ、不誠実さに対しての罪悪感で満ち満ちているんです。

でも、こちらが仕事ができない極悪人になってあげても、上司の罪悪感が消えるわけではありません。

部下になすりつけても上司の罪悪感は消えずに、むしろ人になすりつけたことで増してしまいます。

だから、上司の罪悪感から心を乱されるフレーズが増えて大変なことになってしまうんです。

あなたの心を乱すフレーズは、言った人の心の乱れ

だから「自分を消す」ということが必要になるんです。

「自分を消す」とは、頭が真っ白になりそうになったら「これは私のものじゃない！」と心の中で自分の存在を消して、罪悪感を自分のものにしないこと。

自分を消して、自分が上司になりきる。

上司からの心を乱されるフレーズで「仕事ができない給料泥棒」と責められている感覚になった時に、「自分を消す」をするということだから「これって上司が感じている罪悪感なんだ！」と上司の内面にある気持ちを受け止めてしまいます。

上司も罪悪感を抱えているんだ、と感じてあげるだけでいいんです。

パートナーが「なんで、ヨーグルトを頼んだのに買ってきてくれなかったの？」と責める口調で言ってきたら「自分を消す」ことで、「パートナーに対する不誠実さは相手の罪悪感なんだ」と感じてあげるだけでいい。

相手のフレーズにより頭が真っ白になって感じる罪悪感や後悔は「自分を消す」で相手のものにしてみると、全て相手が抱えている重いものだとわかります。

そして、相手が心を乱すフレーズを使ってくる時は、相手が抱えている罪悪感が言わせている、ということが段々と見えてきます。

だから、こちらが極悪人であることを認めて「すみません」とか「ごめんなさい」と謝罪したって相手は絶対に許してくれない。

なぜなら、こちらが謝っても罪悪感や後悔は決して消えないから。相手の罪悪感が消えていく言葉が必要なんです。

親の罪悪感を引き受けなくていい

相手からの「罪悪感・後悔」のなすりつけ

ある子供が「なんであなたはちゃんと勉強しないの！」と母親から怒られたとします。

子供は、そのフレーズを言われた瞬間に頭が真っ白になってしまって「でも、テレビを見てからやろうと思っていたんだもん」とか「だって、○○ちゃんに付き合って遊んで疲れちゃったから」などと言い訳をしてしまいます。

すると母親からは「あなたは言い訳や人のせいにばかりしてちっとも自分がやるべきことをやらない！」と怒られてさらに子供は頭が真っ白になって勉強をす

ることができなくなってしまいます。

この母親の頭の中を見てみると、とても面白いことがわかってきます。

この母親には「成績は優秀だったけど家の経済的な理由で進学させてもらえなかった」という後悔がありました。

さらに子供が生まれる前に短大に入学しますが、妊娠したことをきっかけに短大を辞めてしまった後悔と「何がなんでも卒業する」と決めていたのに諦めてしまった罪悪感がありました。

母親の「なんであなたはちゃんと勉強しないの！」という言葉の背後には「なんで私はあの時にちゃんとできなかったんだろう？」という後悔の念があります。

子供の頭が真っ白になってしまって「でも」とか「だって」と言い訳が出てきてしまうのは、まさに母親の後悔が頭が真っ白になっている子供に憑依《ひょうい》してしまったから。

そして、母親は言い訳をして勉強することから逃れようとする子供を責めて罪悪感を抱かせます。

要するに子供の頭が真っ白になった時には「母親の後悔と罪悪感を背負わされ

る」ということが起きているんです。

つまり母親は、自分の後悔と罪悪感を子供で軽くしようとしているのです。

子供が勉強しなければしないほど、母親は罪悪感が軽くなったように錯覚しますが、同時に「子供に勉強をさせないようにしている罪悪感」も加わるから、抱えている罪悪感がさらに加算されてしまいます。

そして、その罪悪感をまた子供になすりつけてしまうので、さらに子供は頭が真っ白になって身動きが取れなくなってしまうんです。

普段言えない罪悪感を相手に吐き出す

こんな時に子供はどうすればよいのでしょう。

答えには、「母親が欲する言葉を見つければいい！」ということになります。

母親が欲する言葉は「後悔や罪悪感が打ち消される言葉」です。

方法は簡単で「自分を消す」の続きになります。

頭が真っ白になっている時は「相手の罪悪感と後悔を受け取っている時」です

から、**「相手が欲する言葉」**は**「罪悪感と後悔を言葉にしたもの」**なんです。

例えば、この子供のケースだったら、子供は「なんであなたはちゃんと勉強しないの！」と言われて頭が真っ白になった時に「自分の心の中にある罪悪感を吐き出す！」ということで、普段は素直に言えないような罪悪感を吐き出してしまいます。

なぜなら、その罪悪感は子供のものじゃなくて母親のものだから。

「勉強をやらなきゃいけないとわかっているのに、調子の悪さや人のせいにして逃げてしまう卑怯者の私」というのを母親に伝えると、母親は「ガーン！」となります。

それこそ母親が感じていた罪悪感だからです。

さらに子供が「いつもやっておけばよかった、と後悔するのにまた同じ失敗を繰り返してしまうのは、自分が親に甘えているダメ人間だから」と母親に伝えてみるとさらに母親は「ガーン！」となります。

母親が親に甘えたかったから勉強をしなかった、という事実が「自分の罪悪感」を吐き出すことで見えてきます。

そして、それを伝えてしまうと、母親は「ガーン！」となって、母親の中にある罪悪感が、子供の罪悪感の言葉によって打ち消されていきます。

相手の欲している言葉は、罪悪感や後悔を打ち消す言葉なんです。

母親が自分で見ないようにしていた罪悪感に光を当ててくれる言葉なんです。

子供が人に見せたくない、自分の心の奥底にある罪悪感を吐き出す言葉が「それそれ！」となるのは、母親にその罪悪感を背負わされているだけだから。

これは友達関係でも使えます。

友達から「なんであなたはいつも自分から誘ってこないでこちらから声をかけられるのを待ってるの？」と責められた時に頭が真っ白になったとします。

普通は「あ、自分が声をかけなかったから友達が怒っているんだ」と友達の言葉を真に受けてしまいます。

でも、頭が真っ白になった時に「自分が認めたくない罪悪感」というのを探ってみると「誘った時に拒否されるかもとか、あなたを不快にさせちゃうかも、と思って本当の意味で友達を信用していなかったダメな私なの」という思いが出てきます。

それを友達に伝えると「ガーン！」となるのは、友達が感じていた罪悪感だから。

友達を信用していたのなら「なんで？」という言葉はかけてこない。

頭が真っ白になった時に「自分の心の奥底にある罪悪感」を探ってみると、それは相手からなすりつけられたもので、それを相手に伝え返してみると、相手の罪悪感は打ち消されてクリアになるのです。

相手の罪悪感とマッチする言葉を見つける

自分の罪悪感をしっかり掘り下げる

ある女性は、新しい部署で同僚から仕事も教えてもらえず「なんであなたは仕事をするフリをして怠けているの！」と、怒鳴りつけられて頭が真っ白になりました。

こんな時は「あ、今私が感じている罪悪感は私のじゃなくて同僚のもの」と思って、相手がかけて欲しい言葉、を自分の中で探してみました。

「ごめんなさい、仕事が全然わからなくてみなさんに迷惑をかけてしまって申し訳ないです」と相手に伝えてみます。

すると同僚は「フン！」と勝ち誇ったような顔をしてそこから立ち去っていったので、女性は「ムカつく〜！」と嫌な感じが残ってしまいました。

社会人としては文句のない大人の対応なのですが、相手の罪悪感を打ち消すには20点程度の対応になります。

なぜなら頭が真っ白になった時に「自分の心の奥底にある罪悪感」を掘り下げていなかったから。

罪悪感を掘り下げれば掘り下げるほど「相手がかけて欲しい言葉」のマッチ度が上がります。

罪悪感のマッチ度の点数の目安は、80点ぐらいがちょうどいいかもしれません。**100点まで行ってしまうと相手を泣かせてしまって相手との関係性が大きく変わってしまうので、80点ぐらいの言葉がいいです。**

同僚に怒鳴りつけられて頭が真っ白になった時に「私の心の奥底にある罪悪感」へと潜っていきます。

当たり障りのない罪悪感が20点の言葉で、ちょっと人に言えないような罪悪感が50点の言葉。

そして、自分でも認めたくないような罪悪感に到達したら80点の言葉という具合です。

この場合の80点の言葉は、「自分の存在自体がみなさんにとって迷惑で申し訳なくて、さらにみなさんにこんな不快な思いをさせてしまう自分がものすごく悲しいです」になります。

それを同僚に伝えると、同僚は「ガーン！」となります。

怒鳴りつけた同僚はまさか自分の罪悪感が相手からフィードバックされているとは想像もできないのですが、同僚の中の罪悪感に響いて、同僚の罪悪感が打ち消されていきます。

すると、怒鳴りつけられた女性の中の不快感も消えてなくなり「仕事が楽しくできる！」と罪悪感をなすりつけられることもなく自由になるのです。

認めたくないものに向き合うとスッキリ

ある人が職場の上司から「どうしてみんなと同じように営業件数を取れない

の！」と注意されます。

その人は、「他の人よりもお客さんから感謝されていて、クレーム件数も少なくて会社の評判の向上に役立っている」と思っていました。けれども「件数だけ見て内容をちゃんと見てもらっていない！」と頭が真っ白になって「もうこの会社はやめたい！」となってしまいました。

そんな頭が真っ白になった時には「相手の罪悪感と後悔をなすりつけられている」と思って「自分の罪悪感を探る」ことをやってみます。

「いや、人の気持ちがわからないあの上司には罪悪感はないでしょ！」と思うのですが、とりあえずやってみよう、と探ってみます。

「みんなと同じようにできないダメな自分ですみませんでした」というのは20点の言葉。

「確かにみんなと同じ件数をこなせないのは申し訳ないと思っているけど、クオリティーが他の人たちと違うでしょ！」と思ってしまうから。

その人は**「心の奥底にある自分が認めたくない罪悪感」**をそこで探します。

すると「自分の都合しか考えていない自己中心的な自分」というのが出てきて50点の言葉が浮かびます。

さらに深く潜っていくと「自分だけが一生懸命にやっていると思って他の人たちの努力を踏みにじっているナルシストでした」というのが80点の言葉だったので上司に伝えてみました。

それを聞いて「ガーン！」となった上司の表情を見たら「あ！　この上司はみんなの努力を踏みにじっている罪悪感を本当に覚えていたんだ！」ということがわかってスッキリします。

上司を責める気持ちもなく、まるで年下の中高生をみているような気分になって、スッキリして仕事に集中できました。

そうしたら、どんどん件数も伸びていって、名実ともにトップになったのでした。

「頭が真っ白」でも、自分を責めない

あなたが悪いわけがない

「頭が真っ白になっちゃう」とは、「自分を責めているから」と単純に考えがちです。

でも、その「自分を責めている」時の〝自分〟は、**頭が真っ白になったきっかけである相手のことです。**

相手が心の奥底で自分を責めて生まれてくる罪悪感や後悔をこちらになすりつけてくるから「頭が真っ白になる」となって「自分を責めてしまう」ということが起きている。

本当は相手の罪悪感や後悔なのに、頭が真っ白になってしまって「自分を責める」時に、相手からなすりつけられた罪悪感や後悔が自分のものとなってしまって重くのしかかり動くことができなくなってしまいます。

頭が真っ白になった、という時は「相手の罪悪感や後悔」がなすりつけられている、と思ってみましょう。

そこで「こんな重いものをなすりつけないでよ！」と怒ってみてもそれは消えません。

なぜなら、なすりつけてきている相手は自分が何を相手になすりつけているのかわからないから。

何か不快なものがあって、それがあまりにも苦しいから人になんとかしてなすりつけようとしているだけです。

相手が抱えている「苦しくて重いもの」の正体に相手が気がつくことができれば、あなたもそこから解放されます。

「相手の心の闇」に潜るイメージ

そのために「自分を消す」ということが有効になります。

頭が真っ白になった時に「自分を責めない」というのではなくて、「自分を消す」ということをするんです。

「自分を消す」ということは「今自分が『感じている』と思っていることは全て相手の罪悪感や後悔」と思うこと。

「自分を消す」ということは、「ここで感じていることは何一つ自分自身のものではない！」ということ。

先ほど書いたように、自分の内面に潜れば、相手の心の奥底にくすぶっている罪悪感とか後悔を探ることができます。

そんな風に考えてみると「頭が真っ白になる」瞬間は、「相手の心の闇に落とされた」状態ともいえます。

自分は地上を歩いていたと思ったら、急に相手の心の中にある暗い海に叩き込まれたイメージです。

大切なことは「あ！　ここは自分が歩いていた地上じゃないんだ！」と知ること。

「これは相手の心の闇なんだ」と気が付けばすぐに元の地上に戻ってこられるけど、それだけじゃあつまらない。

せっかく相手の心の闇に入ったのだから、その心の奥底に隠れているものを潜って探してみるといいでしょう。

普段「自分の心の奥底に潜って罪悪感を探す」なんてことはしたくないものです。

けれども、**「これは相手の心の闇」と思ってみたら「探ってみたい！」と思えて深く潜る苦しさもあまり感じなくなります。**

「自分が認めたくない罪悪感や後悔」を心の中に潜って探してみると「おー！　こんなものがあったんだ！」と見つかります。

長く抱えた後悔・罪悪感ほど、心の奥で輝くものに

そして、さらに底に潜って「誰にも知られたくないし認めたくない」という罪悪感と後悔を探して、それを相手にさらけ出してみると、それは美しく輝く真珠のようにキラキラと輝いていたんです。

長年、苦しんできた罪悪感や後悔であればあるほど、心の奥底から引き揚げた時に強く光り輝きます。

その光により相手の心の闇は照らされて消えていく。

心の闇に飲まれることなく自由に地上を動き回ることができるようになります。

「え？　こんな人には心の闇はないんじゃないの？」と思ってしまうような相手もいます。

外見は立派でてきぱきと行動して決断力もあって、という相手だと「あれ？　頭が真っ白になる私がおかしいのでは？」と思って、自分を責めてしまうことがあります。

しかし、立派に見える人であればあるほど、その心の奥には、罪悪感と後悔と

いう闇を抱えています。

外見が立派であればあるほど、その苦しみには幾重にもコーティングが施されているから、その奥底に隠れている闇がわかりにくいだけです。

だから「頭が真っ白になった」となった時は、自分を責めたくなっても「あ！　この人も闇を抱えているんだ！」と「自分を消す」ことをやってみると面白い。

自分を消して「自分の心の奥底に潜って罪悪感や後悔を探る」ことをやってみると「おー！　この人にもこんな罪悪感があったんだ！」と立派な相手に親近感が湧きます。

その心の底にある罪悪感や後悔を見つけた時に「だからこの人は立派に振る舞っているんだ！」という謎が解けてきます。

そうして「自分を消す」ということをやってみると「みんな同じ！」という世の中の仕組みが見えてきます。

頭が真っ白になった瞬間に自分を責めなくなるから、相手の心の闇を請け負わなくなる。

何度か「自分を消す」ことで相手の抱えている罪悪感や後悔を探り出して、さらけ出してみると、自分の中にあると思っていた闇が晴れていき、いつでもどんな人の前でも自由に自分らしく生きることができるようになるんです。

第6章

「共感力」という才能を生かす

相手のものを自分のものにしない

つい、「自分ごと」にしてしまう優しいあなた

頭が真っ白になる、その本当の正体は「相手の立場に立って、相手の苦しみを請け負ってしまう」ことです。

頭が真っ白になった瞬間には、すでに誰かの苦しみを請け負ってしまっている。

自分の苦しみだったら「なんとかなる！」と苦しみを軽減することができますが「相手の苦しみ」だと相手のものだから「自分では処理できない！」とパニックになってしまいます。

でも、頭が真っ白になっている人は「自分がパニックになっているだけ」と、

まさか他の人の苦しみを請け負ってパニックになって苦しんでいるなんて想像することもできません。

なぜなら、頭が真っ白になってしまう人は、他の人から見ると「この人には自信がある」という印象を持たれるから。

本人も「私には何も問題がありません！」というように振る舞ってしまうから。

でも、その中身は「自分には何の価値もない」と自己肯定感がものすごく低かったりするんです。

逆に考えると、自己肯定感が低ければ低いほど、それを人に悟られないように「私はすごいんです！」と虚勢を張らなければならなくなります。

そして「私はすごい」という虚勢を張れば張るほど、自分の中身の自己肯定感がどんどん下がってしまって「自分には何も価値がない」となってしまう。

そうなると常に「周りの人の気持ち」に敏感になります。

「自分に価値がないことがバレてしまうのでは？」とビクビクしているからです。

虚勢を張って周りから期待されているのに「期待を裏切って失望させてしまったらどうしよう」と怯えているから「周りの人の気持ち」にものすごく敏感にな

ります。

自己肯定感が低いほど、人の苦しみを請け負ってしまう

本人は「無価値なのがバレる恐怖」でパニックになってしまう、と思っています。

人の反応にものすごく敏感で自分の恥ずかしさ、虚しさが相手にバレてしまう恐怖で「頭が真っ白になる」と心のどこかで思っています。

でも、実際は「自分には価値がない」と思っていると、「他人の苦しみを請け負うしか価値がない」となってしまうんです。

そうして**自己肯定感が低ければ低いほど、他人の苦しみを請け負う役割を自動的に選択してしまうようになります。**

会議の場面で「頭が真っ白になる」というのも、それは「自分が緊張してパニックになっている」と思っているのですが、実際は「会議の司会者が苦しんでいる」のを請け負ってしまって「頭が真っ白になる」という状態です。

私は学生時代に「グループで輪になって、一人ずつ立って演技をする」という授業を受けさせられました。

もちろん私は演技が苦手だったので「どうしよう？」とビクビクしていました。

そして「私は人前で恥をかくのが怖いんだな」と思っていました。

ところが、私の順番が来るはるか手前で、綺麗な女の子が演技をしているのを見ていたら、隣にいた友達に「お前、何でそんな真っ赤な顔になっているの？」と指摘されてびっくりしました。

確かに、その女の子の順番になって立ち上がった瞬間、私は頭が真っ白になって「ここから飛び出して逃げたい！」という気持ちになってしまっていました。

しかも、真っ白な頭とは真逆に、自分の顔が赤くなっていることなんて全く気がつきもしませんでした。

女の子の演技が終わったあとには私の顔の赤さも引いたので、周りから「お前、あの子のことが好きなんだろ！」と冷やかされるほどでした。

私は、周りからは自己肯定感が低いとは全く思われていなかったのですが、自分の心の中のどこかではものすごく惨めで薄汚れていて醜い存在と感じていて、その自己肯定感の低さを見ないようにしていました。

自分から見ないように隠していた自己肯定感の低さによって、他人の苦しみを請け負う役割を自動的に選択するようになっていたのです。

周りからの勝手な「がっかり」

こうした自己肯定感の低さは、どうやって出来上がってしまうのでしょうか。

私の場合は、兄が生まれてすぐに亡くなったため、次に生まれてきた私は「どんなすごい子が生まれてくるんだろう？」と期待されていました。

ところが親から「あんたにはがっかりだよ！　兄さえちゃんと生きていれば！」ということを思われていました。

最初の子供が亡くなってしまって親の期待が高まるのはわかります。

しかし、次の子供は、その期待に応えられず親から「がっかりだよ！」という態度をとられるたびにどんどん自己肯定感が低くなってしまいます。

「自分は人の苦しみを請け負うしか価値のない人間」と思うようになってしまって頭が真っ白になる。

そして、頭が真っ白になればなるほど、さらに自己肯定感が下がってしまうので「ありとあらゆる人の苦しみを請け負う」ということになり、頭が真っ白になってどんどん自己肯定感が下がってしまうのです。

プロスポーツ選手のお子さんが「あのお父さんはすごい選手だからお子さんもすごいはず」と思われていたのに「がっかりだよ！」と親からもそして、周囲からもやられてしまう。

すると本人が知らないうちに自己肯定感が下がってしまいます。

すると自己肯定感が低いから「虚勢を張らなきゃ」と偉そうに振る舞います。

それをすればするほど「さらに自己肯定感が低くなる」となるのは「がっかりだよ！」という反応が多くなるからです。

ある女性は「ものすごく容姿が美しい」と評判になっていて「会う前から期待されちゃう！」となっていました。

周りが勝手に想像を膨らませて期待しているだけなのに実際に会った時に「がっかりだよ！」という反応をされるたびに自己肯定感が下がってしまいました。外見と内面の差がどんどん開いてしまって「人の苦しみを請け負うしか価値がない」というぐらいまで自己肯定感が下がっていることに本人も気がつかないまま、「どうしてこうなるの！」と頭が真っ白になってしまったんです。

「頭が真っ白」は共感力という才能

イメージとは違う、本当の共感力

頭が真っ白になってしまう人は、「人の苦しみを請け負う」ということをしている、つまり「人の気持ちが良くわかる」という共感力が高いことになります。

子供の頃にアニメとかを見ていて「人の気持ちがわかる超能力があったらいいな〜」と思ったことがありますが「共感力」がそれになります。

人の気持ちが勝手に伝わってきて「頭が真っ白になる！」になってしまう。

「子供の頃に思っていたのと全然違うじゃない！」とツッコミを入れたくなります。

共感力と言われると、人の気持ちが手に取るようにわかって、傷ついた人の心を癒してあげられる、というイメージでしょう。

それなのに、共感力が高いと、相手の苦しみを請け負ってしまう。

「こんな惨めな状態になるんだったら、人の気持ちなんてわからないほうがいい！」と思ってしまうわけです。

そして、実際に「頭が真っ白になる！」という人は、周りの人から「この人は、ほかの人の気持ちがわからない」と思われていたりするんです。

「え～⁉　あんなに人の苦しみを請け負ってパニックになってしまうのに？」と思いますよね。

そうなんです！

本当だったら「頭が真っ白になる！」というのは「才能」なんですけど、本人がその才能を自覚していない。

才能を自覚していないと「頭が真っ白になる」という時に「これは自分の才能で他の人の感情を請け負っているから」と認識することができない。

才能を自覚していないと「他人の苦しみ」を自分のものにしてしまうから「頭

が真っ白になる！」になってしまう。

この時に「自分だけが苦しんでいる！」と一人でもがいてしまい、「この人は自分の苦しみだけに注目して相手の気持ちに寄り添うことができないんだ！」と周りの人に思われてしまいます。

頭が真っ白になってしまう人は、ぱっと見た限り「あ、人の気持ちをわかってくれるような優しい人だな」という印象を持たれるから期待されるわけです。

けれども、人から請け負った苦しみを自分で処理できずに「苦しくて他の人のことが考えられない！」となるから、「人の気持ちがわからない自分勝手な人」と見られてがっかりされてしまう。

実際は人の気持ちがちゃんと伝わってきているから「苦しい！」となっているだけで、共感力は高いのです。

ただ、自分がちゃんとその才能に気がついていないだけなんです。

ですから「頭が真っ白になる」というのは共感力という才能なんだ、という自覚をちゃんと持つだけでいいんです。

実際に頭が真っ白になった時に「あ！　これは誰かから伝わってくる苦しみだ

な」とわかって、その苦しみを自分のものにしなければ頭が真っ白になることはなくなります。

　そして頭が真っ白になった時に苦しみに注意を向けて「これは誰からのもの？」と考えて、「あなたはこんなに苦しんでいるんですね！」と苦しみを抱いている本人にフィードバックができれば「この人、すごい共感力！」とびっくりされるようになるでしょう。

自己肯定感を高める正しい共感力

　穴を掘ればそこに周りからの汚泥が流れ込んできます。

　自己肯定感が低いのは、まるで地面に掘った深い穴に潜り込んでいるようなものです。

「穴」が深ければ深いほどたくさんの周りの苦しみが流れ込んできてしまうけれど、その苦しみは自分のものではなく、「周りから流れてくるもの」と理解することです。

すると、「人の気持ちがわかる」という共感力を活かすことができれば「どんどん自己肯定感が上がっていく！」と自由に伸び伸びと生きられるようになるんです。

そうすれば、うまくフィードバックを返せるようになり、やがて自己肯定感の「穴」も埋まり、突然周りから不快な「汚泥」が流れ込んでくることがなくなってきます。

ある男性は人から注意されると「頭が真っ白」でパニックになって、ふてくされた態度になってしまいます。

だから、その男性は「場の空気が読めない人」とか「自分勝手なナルシスト」と言われていました。

そんなふうに周りから冷たい目で見られるほど男性の自己肯定感がますます下がってしまうからちょっとしたことで「頭が真っ白になる」でちっとも仕事ができない人になっていました。

そんな時に私から「頭が真っ白になるのは才能」と言われてびっくりします。

男性は自分が勝手にテンパってパニックになってしまう器の小さい人間、と思っていたのが実は違っていた、と急に言われても「信じられない！」となります。実際、頭が真っ白になった時に「これは誰の苦しみ？」と探ろうとしても自分の苦しみにしか思えない。

それでも男性は「自分の苦しみにしか思えないのは自分の才能がすごいからかも」と思って頭が真っ白になった時に「この苦しみは誰の？」と探してみると「え？　あんな偉そうにしている部長の苦しみなの？」とわかってびっくりしました。

そして、部長に「いつも私のことで苦しめてしまってすみません」と苦しみをフィードバックした時に面白いことが起きました。

自分のことを嫌っていると思っていた部長が「いや、君のことで悩んでいるんじゃなくて、家庭のこともあってね……」とプライベートの問題を話してくれたんです。

「あー！　部長から伝わってきた苦しみはこれだったんだ！」と話を聞いた男性はスッキリしました。

話を聞いていくと、部長の子供に対する罪悪感が出てきて、男性はさらに納得して、部長の苦しみも男性の共感力で打ち消されていきました。

その瞬間に男性自身も苦しみから解放されて楽になりました。

そんなことを繰り返していたら、いつの間にか職場で「あの人はすごく人の気持ちがわかる！」という認識に変わっていって職場で仕事をするのが楽しくなったんです。

「頭が真っ白になる」という言葉を手放す

自由になった後の孤独が怖い

「頭が真っ白になった」という場面で「この苦しみは誰の？」に言葉を変えればいいだけなんです。

そんな場面で「頭が真っ白になった」という言葉を頭の中で呟くと、さらに頭が真っ白になって苦しくなってしまうばかりです。

この「頭が真っ白になる」という言葉を頭の中で唱えることで「人の苦しみを請け負う」ことになり、処理しきれなくて頭が真っ白に……という連鎖を繰り返してしまいます。

でも、いくら「頭が真っ白になっている時の苦しみはあなたのじゃないんですよ！」と伝えても「いいや！　これは私のものです！」となって苦しみのループから抜け出せない。

これは、頭が真っ白になってしまう人が「抜け出したくない」というわけではありません。

「そこから抜け出してしまったら孤独になる」という恐怖が本人の意識できないところにあるから「頭が真っ白になる」という言葉を手放せないのです。

頭が真っ白になってしまう多くの人は「自己肯定感が低い」状態になっているんです。

本人からすれば「頭が真っ白になるから自己肯定感が低い」と思っているわけですが、実際は自己肯定感を低くする目的があります。

それはやはり「他人の苦しみを請け負う」ということにポイントがあります。

自己肯定感を低くして、他人の苦しみが流れ込んでくることで「一人じゃない！」という感覚になることができるのです。

一般の人の目には「頭が真っ白になる」とか「パニックになる」という姿は「甘えている」とか「自立できていない」というふうに映ります。

「そんなのは『誰かがなんとかしてくれる』と思って自分で考えようとしない依存心のせいだ！」と私も親からよく怒られていました。

この「甘えている」はあながち間違ってはいないんです。

なぜかというと「自己肯定感が低い」ということは「誰も私を相手にしてくれない」という孤独感とセットになっています。

頭が真っ白になった時に「他人の苦しみを請け負う」ことでその孤独感が解消されてしまう。

なぜなら、どんな苦しみであっても他人のものを請け負っているわけだから「一人じゃない！」ということになるからです。

実際に「頭が真っ白になる」となった時に、苦しみを請け負わせた相手は「大丈夫ですか？」と優しく声をかけてきたりします。

周りからみると「こうやって哀れみをかけられて孤独を解消したいからパニックを演じている」と思ってしまうのですが、実際はその前段階の「他人の苦しみを自分のものとして孤独を解消する」ということをしているんです。

「孤独はいやだ」という沼から抜け出す

周りから「大丈夫？」と心配されて声をかけられた時は、自己肯定感が下がってしまうので、惨めさ倍増でますます孤独になります。

孤独だからこそ「もっと他人の苦しみを請け負わないと！」となってしまって、さらに頭が真っ白になる、ということを繰り返してしまうんです。

それなのに、「頭が真っ白になる」という言葉を手放せない。

その言葉を手放してしまったら、人からの苦しみが自分に流れてこなくなり、孤独感が強くなるから。

どうやっても「頭が真っ白になる」という言葉を頭の中で呟いてしまうのは自己肯定感の低さから、ものすごく孤独を感じているから。

頭が真っ白になる場面で「これは誰の苦しみ？」と自分からそれを切り離してしまうのに抵抗を感じるのは、相手の苦しみを切り離してしまったら、自分一人

の孤独になってしまうから。

これは、私が子供の頃に緊張度の高い家族と一緒にいて「一緒にいるのが苦痛で嫌だな〜」と思いながらも、そこから逃げ出すことができなかったのと一緒です。

緊張度の高い両親から不快感が流れてきて「頭が真っ白になる」となって怒られるようなことを言ってしまったりやってしまったりするのだけれど、そこから抜け出せない。

そこから抜けたら、ものすごい孤独感に苛まれると思っているから。

「テストの点が低くて怒られるのが怖くて頭が真っ白になる！」と思っていたのに「頭が真っ白になってちっとも勉強ができない」となっていた。

それは、勉強をしていい成績を取ってしまったら、両親の不快感を請け負うことができなくなって孤独になるから。

いつまでも頭が真っ白になってパニックになることで、相手の不快感を請け負って孤独を解消することができる、と勘違いしてしまっているから。

頭が真っ白になってパニックで、自己肯定感はどんどん下がって孤独になって、ますます孤独から抜け出したくて、人の苦しみを請け負うことを繰り返していました。

でも、「頭が真っ白」や「パニック」という言葉では孤独は解消できないことに気がつき、「これは誰の？」と相手にフィードバックをしていくことで「あ！私が求めていたのはこれだ！」と感じられるようになったんです。

相手の苦しみを請け負わずに相手にフィードバックすればするほど、解消できないと思われていた孤独が相手との一体感でいつの間にか消え去っていきます。

そう、才能である共感力を適切に使うことで、相手の気持ちが手に取るようにわかり、相手との一体感が感じられるようになって、シンプルに生きられるようになるんです。

第7章

静かで自由な世界があなたを待っている

ブレずに好きなことに取り組める

人に確認したところで意味はない

頭が真っ白にならなくなると、誰の言葉にもとらわれないでいられるようになるから、ブレずに好きなことに取り組めるようになります。

頭が真っ白になっていた時は、好きなことに取り組もうとする時も「ねえ、これをしようと思っているんだけど、どうかな？」と人に確認せずにはいられませんでした。

なんで好きなことをするのに、人に確認をする必要があるのか。

それは、自分が間違ったことをしたくないから。
さらに言えば、自分で「好きなこと」と思っているけど、それを見た誰かから「そんなとんでもないことをして！」と指摘されて「ガーン！」と頭が真っ白になりたくないから。

でも、結局人に確認したところで結果は同じで、相手から言われたことで「ガーン！」と頭が真っ白になって「せっかく好きなことをやろうと思っていたのに」と取り組めなくなってしまう。

「頭が真っ白にならない方法」を実践していくと、「人の言葉に本音はない」ということがわかります。

だから、相手の言葉を真に受けなくなりますし、いちいち好きなコトをやるのに人に確認をしなくなります。
人の言葉を気にしていたせいで、どれだけ成長を止めてきたのか。

大人だったら、好きなことをやるのに人の許可も確認もいりません。

頭が真っ白にならなくなって、本来の自分に戻っていくと、大人だから「人からの確認は必要ありません！」ととことん楽しむことができるようになります。

以前は、好きなことをやろうとしている時に「後ろめたさ」をものすごく感じていました。

「無駄なコトをやっている」とか「お金や時間を浪費しているんじゃないか」とか、人から批判されることを恐れてビクビクしながらやっていました。

しかし、頭が真っ白にならなくなって、好きなことを始めると、以前のように「あの人はどう思うだろう？」とか「この人だったら……」と考えなくなります。

精神的に成長した大人である、本来の自分になっているからです。

嫉妬も羨望も手放せる

子供は常に親からの「それをやっていいよ」という「認証」や「よくやったね！」という「称賛」が必要になります。

頭が真っ白にならなくなると、子供だったその状態から解放されるから「自分が好きなことを楽しんでやる！」ということができます。

やっていて「人からどう思われるだろう？」ということを考えてしまうと「好

きなこと」をやっているつもりだったのがいつのまにかブレて楽しめなくなってしまいます。

それは、好きなことをやっていて楽しんでいる人を見た時の自分を思い出してみるとよくわかるでしょう。

好きなことをやっている人をみると「うらやましいな～」と思うと同時に、「いつか『アリとキリギリス』のように苦労すればいいのに！」と相手の不幸を心のどこかで願ったりする後ろめたい気持ちがありませんでしたか？

こんな対立した気持ちが自分の中にあるから「自分が好きなことをやっていたら、他人が私の不幸を願うかも？」と疑心暗鬼になって、好きなことからブレていってしまいます。

でも、頭が真っ白にならなくなると「あれ？　他人が楽しんでいてもなんとも思わなくなった！」という面白い現象が自分の中に起きます。

「うらやましいな」とも思わなくなるから「キリギリスになればいいのに」という気持ちも湧いてこない。

自分が楽しんでいる時も「人からどう思われているのかが気にならない！」と

なるのは、人の失敗を願ってしまう後ろめたさがなくなるから。

いえ、そんなちっぽけなものではなく、自分の楽しみだけに集中することができるし、何かしっかりとした揺るぎないものが自分の中にある感覚を持てます。

これが頭が真っ白にならなくなって成長した大人の感覚なんだ、と驚きます。

本来自分が感じる「楽しさ」がわかる

「大人になったら『楽しいこと』なんてなくなってしまうのでは？」

「『楽しいことをしたい』と思うなんて、内面的に成長していないのでは？」

子供の頃からそう思っていましたが、実際に頭が真っ白にならなくなってブレないでいると「これが大人の楽しみ方なんだ！」と周りの目を一切気にせずに楽しむことができます。

頭が真っ白にならなくなって「本来の自分」になってみたら「これまで自分は人の目を気にして本当の意味で楽しんでいなかった！」ということがわかってくるんです。

だからこそブレずに、今そこにあるものを楽しむことができます。

頭が真っ白になってしまっていた私は「何を楽しんでいいのかわからない！」と周りの人に言っていました。

それは、ただ単に頭が真っ白になってしまうことで内面的に成長していなかっただけでした。

保護者から与えてもらうものでなければ楽しんではいけない、と思っていましたが、実際には、誰かから与えてもらったものでは心から楽しむことはできませんでした。

本来の自分になってみると、保護者や他の人の目が一切気にならなくなるから「好きなことがたくさんあるかも！」と可能性に満ち溢れていました。

「楽しめることがない」というのが大人だと思っていたけれど、それは単に心の中の保護者に甘えていただけ。

頭が真っ白にならなくなると、自然と頭の中の保護者が消えて、本来の自分としてブレずに好きなことを楽しめるようになるんです。

心に自由があふれてくる

起きもしないトラブルに悩まなくなる

私は頭が真っ白になってしまうことがわかっているから、以前は「自由がちっともない！」と思っていました。

旅行一つとっても「旅館に電話をして、相手から質問されたら頭が真っ白になりそうだけどどうしよう？」と考えてしまい、電話をするのが億劫でした。

「もし旅行先で誰か知らない人に声をかけられたらどうしよう？」

そう思ったら、頭が真っ白になることが想像できてしまうから「嫌だな〜」と楽しいはずの旅行の計画もいつの間にか楽しめなくなりました。

要するに「頭が真っ白になる」ことが怖いから「そうならないように」と、ありとあらゆるトラブルを想定したくなってしまうんです。

トラブルを想像すればするほど不安になるから「ちっとも心が自由じゃない！」と感じてしまって何一つ楽しめなくなっていました。

けれども、頭が真っ白にならなくなる方法を試して、本来の自分になってくると面白いことになります。

誰に見られても、誰からどう思われても関係ない、というように、それらを自然と気にしなくなりました。

旅先の道を歩いていて、海岸沿いに松の木が何本も植わっていたとしましょう。

それを「ああ、防風林が植わっているな」という程度に見ているように、人のことを風景として見なすようになっている自分がいました。

以前の私だったら、その防風の役目をしている松の木ですら私のことを裁く「審判」のように見えてしまって「自分がどう見られているのか、どう評価されているのか」を常に気にしていたでしょう。

審判にいつホイッスルを鳴らされるのか、とビクビクしながら動いている。

そして、ちょっとでもホイッスルのような音が聞こえてしまうとパニックを起こしてしまって、そこから自分がボロボロになってしまって、みんなからホイッスルを鳴らされているような感覚のまま何も楽しめなくなって自由なんて全く感じられませんでした。

頭が真っ白にならなくなると、「審判がいなくなった」という感じで人の視線が気にならなくなりました。

すると、心の中が自由で満ち溢れます。

「旅行に行く」という計画を立てる時も「大変なコトになったらどうしよう？」という考えが一切浮かばなくなってきます。

だから、**自分が好きなように、楽しめるように自由に計画を立てることができます。**

東京に住んでいる私が京都に旅行に行きたいと思ったら、以前だったら「新幹線で京都」と決まっていましたが、「羽田から飛行機に乗って北海道に行ってから、沖縄、そして京都もありじゃない！」とこれまで考えられなかった自由な発想が出てくるんです。

実際にやるかどうかは別として、何にもとらわれない発想はとても楽しいものです。

「月曜日から仕事だ！」と思った時に、「明日のために早く寝なきゃ」と日曜日は夕方ごろから気持ちが重くなりがちです。

けれども心が自由を取り戻すと「月曜日は朝から公園に行って少し花を見て、公園の近くのカフェでモーニングセットを食べてから会社に行こう！」と自由に考えられます。

頭が真っ白になっていた時に出来上がっていた「自分はこういう人間だ！」というキャラクターは、ゆっくりと姿を消していきます。

大人になると落ち着いてキャラクターが定まってくる、と思いがちですが、「頭が真っ白になってしまうお子様」が私の中から消えて本来の大人の自分になってみたら**「自分のキャラクターなんて、自由なんだ！」**とこだわりがなくなり、服装も行動も決められたもので縛られなくなり、自由にあふれていきます。

「自分らしく」しても、誰も逃げていかない

自分が自由に振る舞えば他人に迷惑をかけてしまい、周りの人たちから冷たい目で見られて、人がみんな私の周りから去っていく……そんな恐怖がありました。実際に会社などで自己主張が強い人はみんなから煙たがられていて、私も「あんな風に自己中心的な人になりたくないな」と思っていました。

けれども、頭が真っ白にならなくなって、心が自由にあふれてくると「あ！　自己主張していた人って、自由にあふれていたわけじゃなかった！」ということも見えてきます。

心の中が自由にあふれていると、面白いことに「人とぶつかる」ということはないんです。

「ありとあらゆる選択肢が考えられる」から、主張する必要も、人とぶつかる必要もなくなる。

自分が自由で気持ち良い選択をしていると、自然と周りの人も自由な選択がで

きるようになり、お互いが幸せに変わっていきます。

頭が真っ白になっていた時には、「誰かが自由に振る舞ったら、誰かが不自由な思いをする」と思い込んでいました。

だから、自由に考えることは相手に迷惑をかけることだと思って、自由を選択することができませんでした。

でも、それは、ただ他の人の目を気にして頭が真っ白になっていただけなんです。

頭が真っ白にならなくなって、心が「自由に満ちあふれる」という状態になってみると「自分が自由に選択することで、みんなも自由に幸せになれる」という面白い現象が起きます。

心が自由にあふれた状態で仕事を楽しんでいると、周りの人たちもそれを見て自由に仕事を楽しめるようになります。

自由に、自分らしく選択することを避けなくていいんです。

旅行で人に気を使うことなく自由に楽しんでいると、それを見た人たちも自由の影響を受けて自由に気ままに生きられるようになっていきます。

心が自由にあふれている人は、周りの人を幸せにする力があります。

そんなことすら気にすることなく、どんどんいろんなことが自由にできてしまうんです。

ピンチにも動じない力がよみがえる

ピンチを抜け出すアイディアが出てくる

映画の中で主人公がピンチの時に「あ！　逃げればいいのに！」とか「戦っちゃえばいいのに！」とアイディアがポンポン浮かんできて「なんでそれをしないかな～」と文句を言っている。

スポーツ観戦で「なんでそのチャンスを活かさないのか～い！」とヤジを飛ばす。

でも、実際に自分がピンチになったり、チャンスを目の前にしたら「頭が真っ白になった」となり、何もできません。

自分は口ばかりでピンチに弱い人間だ、と思っていました。

でも、頭が真っ白にならなくなると「あれ？　ピンチに動じない力が自分にはあるぞ！」と思えます。

頭が真っ白にならなければ、心の中が自由にあふれていれば、ありとあらゆる発想が自分の中から湧いてくることがわかります。

自由にあふれてくる発想の中から、そのピンチに適した選択が自由に選べるわけですから、動じる必要がないのです。

急なトラブルも全部チャンスに変えられる

ある女性は、「あれ？　今夜は夫は外食してくるはず」と思っていたのに、連絡もなく夫が帰宅してきました。

いつもだったら頭が真っ白になって「なんで帰ってくるんだったら連絡をしないのよ！」と不機嫌になっていました。

これからご飯の支度なんて、今までは考えられず、あたふたするだけでした。

けれども、頭が真っ白にならなくなったら「本来の自分」に戻って「ただいま！」という夫の声を聞いた瞬間に、冷蔵庫にあった残り物のミートボールを取り出して、卵を割って電子レンジに放り込み、夫がテーブルに着くと同時に、「チン！」と音がして「お待たせしました！」と一品出せます。

夫が「この料理美味しいね！」と食べている時に、女性の頭の中でたくさんの残り物レシピが次から次へと浮かんできます。

「夫が急に帰ってきたのはびっくりだけど、これをチャンスに残り物の食材を処理しちゃおう！」という強かな自分に変わっていきました。

以前だったら「あれもダメ、これもダメ」と文句を言われることを想像して頭が真っ白になっていたのに、自由な発想で思い浮かんだレシピを適当に、でもテキパキと作れたのです。

この楽しい感覚は、過去に仕事がものすごく楽しかった時のあの感覚だな、と懐かしくもあり、それが今使えるようになって女性は嬉しくなります。

ある男性は、娘の塾の先生との面談で「娘さんの勉強に対する意欲が低い」と指摘された時に「あー！　以前だったらこんな時に頭が真っ白になっていたな～」と懐かしく思いました。

男性は「自分を消す」トレーニングをしていたので、「娘の成績が上がらないのは塾のせいと責められたくないんだな」というのが手に取るようにわかりました。

そして、塾の先生が喜ぶような言葉が自由に次から次へと湧いてきて、迷うことなく「娘は先生のことをものすごく信頼していて、家でも自慢しているんですよ」と笑顔で伝えました。

すると塾の先生の態度がガラッと変わって「娘さんはやる気があるのでこれから成績が伸びると思います！」とさっきとは１８０度違って前向きな言葉に変わっていきました。

男性は「娘をあの有名な中学に合格させてくださいね！」と笑顔で伝えて、塾の先生からもこころよい言葉が返ってきたのです。

頭が真っ白にならなくなると、ピンチにも動じない力を取り戻せて、状況をよい方向へ変えることができるんです。

するとさらに頭が真っ白にならなくなり、自分も周りもどんどん自由に豊かになっていくんです。

「自分を消す」ことは、自分を120%生かすこと

緊張した時こそ「自分を消す」

先ほど書いた、映画やドラマの主人公を観ていて「ああすればいいのに！」と思っているのが「自分を消す」になります。

「自分を消す」をすれば、自分を120%生かすことができるので、「アイディアがたくさん浮かんでくる！」となって人生を自由に楽しめます。

まさに映画やドラマの主人公の立場になるのと一緒で、相手の立場になって「自分を消す」をしてみる。

そうすれば頭が真っ白にならずに、自由に面白い展開が目の前に広がっていき

ます。

「自分を消す」ということで思い浮かんでくるのは、子供の頃のピアノ発表会とか、学生時代のスピーチです。

子供の頃に、たくさんの人が観ているピアノ発表会で「緊張しちゃう！」と頭が真っ白になっていました。

ピアノの先生からは「練習を100％やったところで、本番で緊張して頭が真っ白になったら60％しか練習の成果が出せないんだから」と言われていたのを思い出すんです。

あの時に「自分を消す」をして「ピアノの先生がしてほしい演奏」をしたら「頭が真っ白にならない！」で120％の演奏ができたはず。

「ピアノの先生だったら、この場面ではこんな風に弾いてほしいんだろうな」と自分を消す。

そうしたら、頭が真っ白にならないから、自由に指が動く。

ピアノの先生の求めている通りに弾くことで自分の中に縛られていたものが解

き放たれて、自由にのびのびと演奏することができるんです。

そんなことを考えたら学生時代のスピーチも「自分を消す」ができたら１２０％の自分を生かすことができたのに、と思うわけです。

いつも「ちゃんとスピーチができなかったらどうしよう？」と最悪のケースを想定して、本番で頭が真っ白になって悪夢が現実になる、ということを繰り返していました。

「自分を消す」で、「先生はどんなスピーチが聞きたいんだろう？」と考えたとたん、自分の中で固まっていたものが解れて、「どんなことでも話していいんだ！」と自由に喋ることができる。

用意してきた原稿をちゃんと読まなきゃいけない、なんていうルールに縛られなくなり、次から次へと浮かんでくるアイディアが自然と言葉になり、聴く人たちを魅了していく。

なぜなら、１２０％の自分を生かしているからなんです。

すべては自分のためになる

「自分を消して相手が求めていることをする」というのは、「自分を生かしていないのでは？」と思いませんか？

なんだか「ズルをしている」とか「人に媚《こび》を売っているようで嫌だ」と私は思っていて「自分を消す」ということにものすごく抵抗を感じていました。

でも、**よくよく考えてみたら「相手が求めていること」を想像しているのも「自分」なんです。**

「自分を消す」と思いながらも、相手の求めていることを考えているのは自分。

「相手に媚を売る」といっても、目的は頭が真っ白になることから解放されて本来の自分を120%生かすことです。

相手に媚を売って、相手に甘えることが目的ではなくて、結果的にスポットライトを浴びるのは自分自身なんです。

自分を消して「相手が求めていること」に120%の自分を生かすことで「自由」を手に入れることができます。

頭が真っ白になってパニックになるというのは、ものすごい束縛です。

それを体験してきた人しかわからない不自由さがあります。

これまで「自分を消す」ということができなかったのは「自分のプライドのせい」と思っていたことも、実は家族からの呪縛であった、ということが自由になってみるとわかってきます。

よく「プライドを捨てて」とか言われたりしますけど、それは自由を阻む家族からの呪縛を捨てるだけなんです。

誰かに固められた「自分」でも、必ず解きほぐせる

心が自由であふれていくと、どんなピンチな時でもそれがチャンスに変わっていきます。

それは自分が本当に求めていた自分自身の姿なんです。

「こんな風になれたらいいな～」というのが１２０％の自分。

そうなんです！　自分自身は誰か「他の人が羨ましい」と思いながらも、本当

に願っているのは、その人たちのように「１２０％の自分を生かす」こと。

誰かになりかわることよりも、１２０％の自分を生かす環境を求めている。

相手と同じ環境や境遇になったら１２０％の自分を生かすことができるだろう、と思うから「羨ましい」と思っているだけ。

その環境は「自分を消す」で簡単に作ることができて、それによって１２０％の自分を生かすことができるようになります。

「自分を消す」で相手が求めていることをするのは、本当に求めている自分を生かす環境を作るための作業です。

それは、固くなった畑の土を耕す鍬《くわ》のようなもの。

「自分を消す」で鍬を振るうたびに、自分の固くなった土壌がどんどんほぐれていきます。

そして、いろんな人の求めていることをすることは、その土壌に撒く肥料のようなもの。

「自分を消す」と唱えるたびに、凝り固まった土が解されて、新しい柔軟な私が作り上げられていく。

最初は固かった土が何度も「自分を消す」ことで柔らかくなり、そしてたくさんの肥料によって自分が欲しかった作物がその土壌に植えられてたくさんの実を結びます。

豊かに耕された土壌が１２０％生かされた自分の姿。

人がその土壌を踏んでしまって固まってしまっても、「自分を消す」でいつでもいくらでも耕して、私を１２０％生かすことができるんです。

大嶋信頼（おおしま・のぶより）

心理カウンセラー/株式会社インサイト・カウンセリング代表取締役。米国・私立アズベリー大学心理学部心理学科卒業。ブリーフ・セラピーのFAP療法(Free from Anxiety Program)を開発し、トラウマのみならず多くの症例を治療している。アルコール依存症専門病院、周愛利田クリニックに勤務する傍ら東京都精神医学総合研究所の研究生として、また嗜癖問題臨床研究所付属原宿相談室非常勤職員として依存症に関する対応を学ぶ。嗜癖問題臨床研究所付属原宿相談室長を経て、株式会社アイエフエフ代表取締役として勤務。心的外傷治療に新たな可能性を感じ、株式会社インサイト・カウンセリングを立ち上げる。多くの人が自由に生きられることを目指し、治療を行っている。臨床経験のべ9万件以上。

著書に『「いつも誰かに振り回される」が一瞬で変わる方法』(すばる舎)、『「ひとりで頑張る自分」を休ませる本』(大和書房)、『「自己肯定感」が低いあなたが、すぐ変わる方法』(PHP研究所)など多数。

チクチク・いやみ・理《り》不《ふ》尽《じん》と感《かん》じる「ほんのひと言《こと》」に傷《きず》つかなくなる本《ほん》

2021年4月25日　第1刷発行

著　者　大嶋信頼《おおしまのぶより》
発行者　佐藤靖
発行所　大《だい》和《わ》書房
東京都文京区関口1-33-4　〒112-0014
電話03-3203-4511
ブックデザイン　西垂水敦・松山千尋(krran)
カバーイラスト　ITAZURA
カバー印刷　歩プロセス
本文印刷　信毎書籍印刷
製本所　小泉製本

ISBN978-4-479- 79741-8

http://www.daiwashobo.co.jp